SEGURO Y LOGÍSTICA INTERNACIONAL

SEGURO Y LOGÍSTICA INTERNACIONAL

AUTOR:

Ing. RAFAEL EMILIANO APOLINARIO QUINTANA, MSc.

CO- AUTORES:

- Ing. Ind. VICTOR HUGO BRIONES KUSACTAY, MBA.
- Ing Com. CLEMENTE ALADINO MOREIRA BASURTO, MBA.
- Ing. Com. OTTO YONIUR VILLAPRADO CHAVEZ, MCE

Para realizar pedidos de este libro, contacte con:
Palibrio
1663 Liberty Drive
Suite 200
Bloomington, IN 47403
Gratis desde EE. UU. al 877.407.5847
Gratis desde México al 01.800.288.2243
Gratis desde España al 900.866.949
Desde otro país al +1.812.671.9757
Fax: 01.812.355.1576
ventas@palibrio.com
711932

ÍNDICE

PARTE 1: SEGURO

PARTE 2: LA LOGÍSTICA Y SU INFLUENCIA EN EL COMERCIO INTERNACIONAL

PARTE 3: OPERACIONES ADUANERAS

PARTE 4: OPERACIONES PORTUARIAS

PARTE I
SEGURO

CAPÍTULO 1

ANTECEDENTES HISTÓRICOS DEL SEGURO

Resumen del capítulo

El capítulo que se expone a continuación se enfoca en antecedentes e historia del seguro, hechos relevantes que han transcendido a nivel mundial y local, realizado con el objetivo de dar a conocer los avances del seguro desde su etapa inicial en las antiguas civilizaciones hasta la actualidad. Además de conocer la creación de instituciones de seguros públicos en Ecuador y sus estatutos reglamentarios.

Los seguros en Ecuador han pasado por varias etapas, en la actualidad el mercado asegurador ha logrado alcanzar grandes progresos ante un clima de estabilidad aparente. En este capítulo analizaremos la situación actual del sistema de seguro privado y público, los aspectos positivos y negativos emitiendo un diagnostico acerca de la utilización del mismo.

Objetivos

- Definir conceptos en materia de seguro.
- Realizar un seguimiento a la historia del seguro.
- Describir cronológicamente las distintas etapas de desarrollo del seguro a través del tiempo.
- Identificar las instituciones públicas ecuatorianas de seguro y el alcance de cada uno de estas.
- Analizar la situación actual del Seguro en el Ecuador.
- Identificar aspectos positivos y negativos de la aplicación del seguro.
- Diagnóstico de la evolución de actividades aseguradoras.

SEGURO

En materia de seguro intervienen instituciones complejas que emplean un sin número de aspectos tantos técnicos, jurídico, peritajes, financieros, entre otras. (Peña, Manual Derecho de Seguros, 2000).

> "El seguro es el prototipo de contratos aleatorios, en la medida en que el tomador realiza una prestación, el pago de la prima, y a cambio puede que no reciba contraprestación material alguna si no ocurre el siniestro asegurado; o en cualquier caso, si recibe la contraprestación puede que haya presuntuoso por ella mucho mas o mucho menos que su valor". (GASTAMINZA, 2000).

El criterio de Gastaminza concuerda con el Art 29 de la Legislación Sobre el Contrato de Seguro que menciona el interés económico que ocurre desde la fecha en que el asegurador asume el riesgo hasta el día que surge el siniestro que condiciona la obligación a su cargo. La desaparición del interés lleva consigo la cesación o extinción del seguro. (Seguros s. d., 2013).

Por otra parte hace referencia al inicio de la contraprestación, en el cual se manifiesta una acción, en virtud del cual, por una parte el asegurado (entiéndase este como la persona, bien u objeto beneficiario de un seguro) se hace acreedor, mediante el pago de una remuneración (prima) de una prestación que habrá de satisfacerla; la otra parte el llamado asegurador, para prevenir o que se produzca un siniestro.

Historia Del Seguro En El Mundo

En un escrito realizado por Eduardo Peña, se manifiesta que los principios del seguro son universales, objetivos, científicos y antiguos, confundiéndose con los primeros actos de previsión de los hombres. (Peña, Derechos de Seguro, 2000).

La evolución del seguro, en el mundo, está relacionada con la evolución de la organización social, que inicialmente se remonta a las antiguas civilizaciones Griega- Romana, probablemente por los babilonios e hindúes, quienes efectuaban contratos a la Gruesa financiando pérdidas.

En la edad media se acostumbraba conformar asociaciones religiosas, que colectaban y distribuían fondos entre los miembros, para posibles eventos o sucesos fortuitos, utilizados en casos de muerte de alguno de ellos, hasta el moderno sistema legal que rige todos los contratos de seguros en sus diferentes ramas y coberturas. (Sosa, 2011).

Por otra parte los gremios medievales realizaban misiones que consistía en prestar ayuda humanitaria por enfermedad, incapacidad o muerte de alguno de los que conformaban el gremio.

Conocido documentalmente, el seguro marítimo fue el primer sistema de aseguramiento propiamente dicho, a causas de la evolución y alcances que se iba dando en el comercio marítimo.

En Inglaterra se formaron las primeras empresas de seguros entre los siglos XVII y XVIII, la modalidad que se utilizaba para ofertar el seguro consistía en salvaguardar a las personas y patrimonios utilizando fórmulas legales de protección y amparo.

También se conoce que los monarcas persas se comprometían a ayudar en sus empresas a aquellos de sus súbditos que les hicieran grandes regalos.

> "El regalo resultaba ser por tanto una suerte de póliza de seguro que el súbito pagaba al asegurador que en este caso era el monarca". (Tortella Casares, 2014).

> "Los comerciantes de Rodas también practicaban una especie de seguro mutuo llamado "Medio General" por lo cual constituían entre todos un fondo que se utilizaba para compensar a uno de ellos en caso de siniestro". (Tortella Casares, 2014)

En Atenas durante el siglo IV A.C. se practicaba un tipo de contrato mercantil parecido al código de Hammurabi, que mediante contrato previo el comerciante que sufría un siniestro quedaba devolver el préstamo que había financiado la expedición". (Tortella Casares, 2014).

En Grecia y Roma, los Collegia o Gremios practicaban también un tipo de seguro, de entierro y de vida o pensiones a través de cuotas que aportaban sus miembros, se constituía un fondo con el cual se pagaban los gastos de entierro o compensaciones de viudez a las esposas supervivientes. Los gremios medievales practicaban de igual manera este seguro. (Tortella Casares, 2014).

En la edad antigua se utilizó con mucha frecuencia, el Préstamo a la Gruesa y una antigua modalidad que se ejecutaba como forma de seguro de vida, el Préstamo a la Gruesa era empleado en el tráfico marítimo y consistía en:

Contrato del Préstamo a la Gruesa

> Es un contrato en el que se identifican a dos personajes, el uno presta una cierta cantidad de dinero para cubrir el riesgo de un bien que se encuentre amenazado por un suceso marítimo, condicionando al tomador del contrato que si desapareciera o se perdiera los objetos, él debía devolver la cantidad prestada con un premio previamente pactado. (DURVAN, Prestamo a laGruesa).

El contrato de préstamos a la Gruesa determinaba que si el barco o carga se perdía durante el viaje, el préstamo se entendería como cancelado. Quien deseaba obtener este contrato debía proveer de recursos monetarios por los altos costos que acarreaba el contrato, algunos recurrían al financiamiento por parte de bancos para adquirir el seguro.

El seguro propiamente dicho ha transcurrido por varios sucesos desde la antigüedad considerada la primera etapa de la historia del seguro a nivel mundial hasta nuestros días.
Las diferentes civilizaciones y los periodos de tiempo transcurridos son testigos de las modalidades de seguros existentes teniendo sus divergencias y analogías a medida que se forjan las sociedades. Una gran enciclopedia del mundo menciona lo siguiente:

Los primeros seguros sobre la vida humana tienen su aparición en los viajes que se realizaban entre océanos, la incidencia radicaba en que los piratas vagaban por los principales mares capturando a menudo capitanes y a las tripulaciones de los barcos para posteriormente cobrar rescate.

> "Para solucionar el peligro que afrontaban los capitanes y la tripulación se estableció un seguro para garantizar su rescate y más tarde también se contrajo un seguro contra muerte derivada durante los viajes". (DURVAN G. E., tomo 15).

En el siglo IX se contemplaron las denominadas "GUILDAS", dedicadas a abolir el sistema de salarios y a establecer el autogobierno en la industria a través de un sistema de gremios nacionales en conjunto con el estado. (DURVAN, "Antecedentes Historicos").

Las Guildas establecieron Gremios Medievales que se fundaron para ayudar a los miembros de la asociación, se formaron contra pérdidas ocasionadas por incendios, inundaciones o robos.

> "En el año 1347, se efectúo el primer contrato de seguro marítimo, que además se conserva actualmente en el archivo notarial Genovés. A través de este contrato se aseguró por primera vez el buque llamado "Santa Clara" cuya ruta fue Genova-Mallorca". (Barrera Graf, 1991).

En el año 1385 aparece la primera póliza como acto sucesor del primer contrato de seguro dado en Génova Italia en 1347.

En 1435 se dio paso a la más antigua reglamentación y se promulgo en Barcelona "La Ordenanza del Seguro Marítimo".

Años más tarde en 1549, en la edad moderna el mandante Carlos V dio a conocer la primera ley marítima que regula con carácter obligatorio el contrato de seguro obligatorio. (Graf, 1957).

Las primeras Pólizas de Seguro de Vida se emitieron en 1583 en Londres en The Royal Exchange por comisionistas. (Flores O. G., 2000).

En 1667 Nicolas Barbon, médico de profesión decide crear una compañía aseguradora contra incendio llamada FIRE OFFICE, esto a razón del incendio de Londres, el cual provoco grandes pérdidas económicas y materiales, en el que se destruyeron alrededor de 13200 casas y 90 iglesias.

1686.- Lloyd's de Londres fue participe de elaborar las primeras estadísticas sobre investigaciones de probabilidades en pérdidas sobre acontecimiento de riesgos en navegación, estas estadísticas eran calculadas sobre soportes al seguro científico. (Flores O. G., 2000).

A partir del siglo XVII el seguro de vida comienza a sufrir una etapa de eventualidades y sucesos que generan su perecimiento debido a la alta dificultad de calcular el costo real del seguro, dando paso a lo que se llamaría "Tontolinas"; lo que sería un sistema de anualidad en base a un contrato de renta vitalicia propuesto por el italiano Lorenzo Tonti.

A finales del siglo XVII el matemático Blas Pascal dio paso a través de su agudeza al cálculo de prioridades y a la teoría de los grandes números, con su teoría se realizaban cálculos de rentas vitalicias e indemnizaciones por muerte, para el cálculo se utilizaba la edad de la persona que lo requería y el interés compuesto.

Historia Del Seguro En Ecuador

En Ecuador a finales del Siglo XIX existían únicamente compañías extranjeras que ofertaban seguros de Transporte e Incendio, en 1933 se gestiona para que la Superintendencia de Bancos sea el Organismo de Control para las compañías de seguros y reaseguros debido a la creación de compañías nacionales, en el año 1940 la primera compañía de seguro en Ecuador Fue "La Nacional", hoy denominada Generali y en el año 1943 llamada La Unión Compañía Nacional de Seguros S.A.

En octubre de 1935 se expidió el primer reglamento en materia de Seguro, instrumento que normalizaría a las instituciones de seguro.

En 1936 se realizaría una reforma en la ley con el objetivo de preservar a las compañías nacionales, esta reforma implantaba que estas compañías sean las encargadas de realizar los seguros de importación, años más tarde se expide por decreto ejecutivo N° 130 la primera ley de inspección y control de Seguro.

En 1938 bajo un marco legal se promulgó la "Ley sobre inspección y Control de Seguros", ley que sirvió para el fortalecimiento de las empresas aseguradoras en la década de los 60, permitiendo nuevas coberturas y capacitación de nuevos sectores empresariales afianzando la relación entre el asegurador y asegurado.

En 1943 seguros La Unión emitió la póliza de aviación suscrita en el Ecuador, el Seguro de Fianzas de Fidelidad llega a Ecuador en 1945.

Entre 1946 y 1947 se introdujeron los ramos de accidentes personales, rotura con fractura y automotores. Cinco años más tarde el seguro de garantías se ejecuta por medidas de cumplimientos de contratos.

En el año de 1963 se impuso la Legislación Sobre el Contrato de Seguro que fue anexada dentro del código de comercio.

En 1965 se expide la Ley General de Compañías de Seguros, mediante Decreto Supremo 1551, promulgado en el Registro Oficial N° 547 convirtiéndose en la nueva ley rectora del seguro en el país.

En 1967 se promulga la codificación de la Ley de Compañías y Seguros que se mantuvo vigente hasta 1998, tiempo en el cual las condiciones económicas y sociales del país experimentaron cambios sustanciales tanto en su estructura productiva y comercial interna cuanto en su forma, magnitud y transparencia de sus relaciones económicas comerciales.

En el 2006 Seguros La Unión introduce la póliza de exequias y al finalizar el 2008 seguro integral para Pymes es lanzado al mercado.

Seguro Público Ecuatoriano

El Seguro Social es el instrumento básico de la seguridad social, estableciéndose como un servicio público de carácter nacional.

Su origen se fundamenta en la constitución de 1906. (Ecuador, 2012).

La seguridad social en el sector público, garantiza el derecho a la salud, la asistencia médica, la protección de los medios de subsistencia y los servicios sociales necesarios para el bienestar individual y colectivo, además de otorgar pensiones bajo cumplimiento de los requisitos legales enmarcados y garantizados por el Estado.

El cumplimiento de la seguridad social está a cargo de entidades o dependencias públicas, organismos descentralizados, conforme a lo dispuesto en la Ley y demás ordenamientos legales.

El Seguro Público Ecuatoriano inicia en el siglo XX, en el transcurso del tiempo se crean entidades y leyes, que se convertirían en ícono representante del seguro público en Ecuador, estas instituciones son:

1. **IEES.** (Instituto Ecuatoriano de Seguridad Social).

"El origen de esta institución se encuentra fundado en leyes dictadas en los años 1905, 1915 y 1918 y 1923 para amparar a los empleados públicos, educadores, telegrafistas y dependientes del poder judicial". (Opinion, 2013).

"El Instituto Ecuatoriano de Seguridad Social se fundamenta en los principios de solidaridad, obligatoriedad, equidad y suficiencia". (IESS, Instituto Ecuatoriano de Seguridad Social, 2012).

El Instituto Ecuatoriano de Seguridad Social forma parte del Sistema Nacional de Seguridad Social, se funda en buscar seguridad ciudadana ejecutando el Sistema del Seguro General Obligatorio.

El origen de esta institución pública es en el año 1928 con la creación de la **caja de pensiones,** tenía como función asegurar a las personas que laboraban en el sector público y privado, entre los beneficios de la caja de pensiones se encontraban el fondo mortuorio, jubilación y montepío civil.

En **1935** por decreto supremo No. 12 de la ley del Seguro Social Obligatorio se crea el **Instituto Nacional de Previsión** pregonando la práctica del seguro social obligatorio y fomentando el seguro voluntario. Las actividades del instituto empezaron a ejecutarse el 1ero de mayo de 1936.

Caja Del Seguro Social.

Con el fin de brindar servicios y beneficios de calidad en materia de seguro y afiliación en 1937 se incorpora La Caja del Seguro Social a través de la reforma a la Ley del Seguro Social Obligatorio rigiendo sus operaciones el 10 de julio de 1937. (IESS, IESS, 2012).

Siete años más tarde se otorgó la consolidación del Sistema de Seguro Social por medio del estatuto de la caja del seguro.

La Ley del Seguro Social Obligatorio entró en vigor en 1942.

> En el año 1949, "se dotó de autonomía al Departamento Médico, pero manteniéndose bajo la dirección del Consejo de Administración de la Caja del Seguro, con financiamiento, contabilidad, inversiones y gastos administrativos propios". (IESS, IESS, 2014) .

En 1963 se realiza la unión de la Caja de Pensiones y la Caja del Seguro dando como resultado la creación de la Caja Nacional del Seguro Social.

Un año después (1964) se creó el Seguro de Riesgos del Trabajo, el Seguro Artesanal, el Seguro de Profesionales y el Seguro de Trabajadores Domésticos, años más tarde se determinó la inexcusable necesidad de replantear los principios rectores adoptados 30 años atrás en los campos actuariales, administrativo, prestacional y de servicios, esto generó la finalización del Código de Seguridad Social para convertirlo en Instrumento de desarrollo y aplicación del principio de justicia social.

Finalmente en 1970 el **Instituto Ecuatoriano de Seguridad Social** se constituye mediante Decreto Supremo N° 40 del 25 de julio de 1970, dejando atrás a la Caja Nacional del Seguro Social.

2. **ISSFA.** (Instituto de Seguridad Social de las Fuerzas Armadas).

"La Seguridad Social Militar se puntualiza como un servicio promovido por el estado y de carácter obligatorio". (ISFFA, Instituto de Seguridad Social de las Fuerzas Armadas, 2013).

El ISFFA confiere prestaciones de medidas reparadoras y preventivas, a través de un régimen especial de servicio y asistencia social a favor del profesional militar y su familia amparada bajo leyes legalmente instituidas.

La seguridad militar ampara medidas protectoras y restauradoras constituyéndose como un régimen de seguridad social, siendo un logro militar el afianzamiento de la organización.
La cobertura social militar cubre todos los riesgos profesionales a los que está expuesto el miembro de las Fuerzas Armadas.

Al igual que el Instituto Ecuatoriano de Seguridad Social, el Instituto de Seguridad Social de las Fuerzas Armada (ISSFA) ha marcado su historia, con la finalidad de extender beneficios al colectivo militar, se promulgó la ley de jubilación montepío civil, ahorro y cooperativa, punto de partida de la seguridad social ecuatoriana y de la ley de retiro militar expedida por parte del gobierno del Dr. Isidro Ayora en 1928.

En 1939 se propagó la ley de pensiones de las FF.AA, el seguro de Cesantía militar para oficiales en servicio activo fue creado por empuje de las Fuerzas Armadas.

1949.- se dio la creación de la Cesantía militar para tropa, con la finalidad de implantar un cuerpo de ejército y aviación ajustada y en 1951 se expande la cesantía militar para la armada.

Mediante decreto legislativo el 23 de octubre de 1953, se cambia la denominación de cesantía militar para oficiales y tropa, por el de "Cooperativa de Cesantía Militar" cuyos fondos eran administrados por la caja de pensiones.

Se presentó un proyecto de ley por parte de las fuerzas armadas en 1982 el cual fue negado por temas políticos, años más tarde se retomó la idea mediante un plan estratégico de FF.AA, en el que se dio mucho empuje por parte de la fuerza militar para que fuera aceptado lo cual dio resultado expidiéndose la Ley de Seguridad Social de las FF.AA el 7 de agosto de 1992.

> "A diferencia de la Seguridad Social Militar del mundo occidental, el ISSFA se comprende como un Régimen de Contribución que se lo gestiona en el ideal del Militar Ecuatoriano". (ISFFA, ISFFA, 2012).

La seguridad social militar tiene como objeto cubrir al militar oponiendo riesgos en su práctica profesional y familiar.

Por la formación y estabilidad de la institución pública se debió transitar por varias etapas empezando por leyes y transformaciones que impulsaron un correcto manejo de la institución militar. Cabe mencionar que este seguro les brinda muchos beneficios a los afiliados militares, incluyendo a hijos, y esposas, debido a esto se ha evidenciado una gran demanda por parte de muchos jóvenes por formar parte de esta institución, asegurando de una o u otra manera, su futuro y el de sus seres queridos (Guiedon, 2010).

3. **ISSPOL** (Instituto De Seguridad Social De La Policía Nacional)

> "Principios de solidaridad, obligatoriedad, universalidad, equidad, eficiencia, subsidiariedad y suficiencia, para el beneficio y seguridad social de sus afiliados". (ISSPOL, Instituto de Seguridad Social de la Policia Nacioanal, 2013).

La Seguridad Social Policial comprende el establecimiento de previsión, ayuda y asistencia salvaguardando el bienestar de los miembros que conforman sus filas. (ISSPOL, Instituto de Seguridad Social de la Policia Nacioanal, 2013).

El origen de la institución permitió que los fondos que se mantenían en conjunto entre la policía nacional con la caja militar de las fuerzas armadas fueran separados.

El Instituto de Seguridad Social era el encargado de operar en su totalidad la administración de los intereses del ISSPOL.

"La Seguridad Social Policial comprende las instituciones de previsión, ayuda y asistencia". (NACIONAL, 2009).

Los principios básicos del ISSPOL están fundados en:

a) Garantizar protección ante riesgos asistenciales y monetarios al policía y su familia.
b) Mejorar el nivel de vida de sus afiliados.
c) Brindar asistencia y protección a los más necesitados y no asalariados de la mutualidad de la policía nacional. (ISSPOL, 2009).

> "Los afiliados tienen derecho a las prestaciones de Retiro, invalidez y muerte Enfermedad y maternidad, Vida, Accidentes profesionales, Mortuoria, Fondos de reserva e Indemnizaciones profesionales". (NACIONAL, 2009).

De acuerdo a lo que define la ley De Seguridad Social De La Policía Nacional en términos legislativos quienes intervienen son:

1. El conjunto policial; aspirantes, oficiales y el policía en servicio activo y pasivo.
2. El afiliado; Se entenderá como el afiliado a la institución y a su vez como el beneficiario.
3. Pensionista; ejerce el derecho de cobrar una pensión por parte del estado, discapacitación o por retiro.
4. Derecho habitante; es el familiar que gozará de los derechos que poseía el asegurado una vez que este fallezca, este se entenderá como el familiar calificado.

5. Invalido; asegurado que por actos accidentales contraídos en actividades independientes al trabajo no puede desempeñar su función dentro de la institución.
6. Discapacitado; es el policía en servicio activo que sufre accidentes o enfermedades profesionales.

Termino de la afiliación

"El policía en servicio activo o pasivo tiene derecho a ser afiliado a la institución, siendo obligatorio e irrenunciable su afiliación". (ISSPOL, 2014).

El término de la afiliación puede ser interrumpido por fuerzas mayores como la defunción del asegurado, sentencia de un delito traición cometido y demostrado como tal o por la separación del policía debido al causamiento de prestaciones.

SEGUROS SOCIALES

1. Seguro De Retiro

Consiste en la prestación en dinero de carácter vitalicio, del policía que decide darse de baja habiendo tenido como mínimo veinte (20) años de servicio activo y efectivo en la Institución. Las pensiones vitalicias deben cumplir con medidas la cual menciona que el 70% de la pensión a recibir equivale al sueldo imponible vigente a la fecha de la baja, además que por cada año efectivo de servicio activo tendrán derecho al 3% adicional hasta llegar al 100% del total de la pensión.

2. Seguro De Invalidez

Es la prestación de dinero que finaliza con la rehabilitación o muerte del beneficiario, para que el miembro policial se acoja a este beneficio el asegurado tendrá que estar en servicio activo y que la incapacidad fuese causada por actos de accidente o enfermedad no profesional y que tenga desenvolviéndose en el área al menos 5 años en la institución.

3. **Seguro De Muerte**

El acreedor del seguro de muerte es el derechohabientes del asegurado; es el o la cónyuge o quien en unión libre demuestre tener relación directa con el asegurado, al hijo menor de edad o hijo discapacitado pudiendo ser mayor de 18 años, de igual manera están amparados los hijos solteros de hasta 25 años que no realicen una actividad laboral y se encuentre legalmente estudiando.

En caso de no existir ninguno de los derechoshabientes mencionados tendrá la potestad de cobrar el seguro la madre del asegurado y faltando está el derecho lo obtiene el padre el cual debe estar en condiciones de incapacitado para trabajar. Todos ellos pueden cobrar el derecho de montepío.

Ahora bien, existe la contraparte y es que el seguro de muerte puede ser absuelto cuando el beneficiario fallezca, los hijos conformen un matrimonio o los hijos mayores de edad se encuentran laborando o dejen de estudiar.

4. **Seguro De Vida**

Es la prestación en dinero otorgado a los derechohabientes del asegurado fallecido y es otorgado por una sola vez.

Seguro obligatorio para el personal policial que se encuentre ejerciendo la profesión y potestativo al policía en servicio pasivo.

Los créditos que recibe el asegurado son:

-   Créditos Quirografarios Ordinario y Emergente De Enfermedad: El primero es un préstamo que puede llegar hasta el valor que sume 4 veces el sueldo del asegurado debiendo cancelarse en un plazo de hasta 24 meses. El préstamo quirografario emergente por enfermedad puede ser una cuantía que sumado de hasta 6 veces el sueldo del asegurado pagados en un lapso de hasta 36 meses.

- hipotecarios, es otorgado a miembros de la policía nacional y pensionistas por una sola vez y que no posean vivienda en nombre propio.
- Prendarios.

CAPÍTULO 2

DIAGNÓSTICO DEL SEGURO EN ECUADOR

Actualmente el mercado asegurador ecuatoriano ha logrado alcanzar grandes progresos ante un clima de estabilidad aparente. En este capítulo analizaremos la situación actual del sistema de seguro privado y público, sus aspectos positivos y negativos emitiendo un diagnóstico acerca de la utilización del mismo.

OBJETIVOS.

- Analizar la situación actual del seguro en el Ecuador.
- Identificar aspectos positivos y negativos de la aplicación del seguro.
- Diagnóstico de la evolución de actividades aseguradoras.

Servicio público y privado

Las comparaciones son en gran medida fuentes de conversación en la sociedad cuando se trata de actividades de distintas instituciones, pero que su razón de ser es igual o en mayor porcentaje son similares, es lo que sucede con el seguro social y el seguro privado, en donde las especulaciones por saber quién ofrece mejores servicios no deja de existir.

Con el transcurso del tiempo las empresas crecen de modo gradual generando mayor organización y coordinación interna y mejores sistema de información, aunque en algunos momentos esto no sucede y empiezan las controversias.

La institución del seguro tiene dos grandes manifestaciones en la sociedad, que son la seguridad social y el seguro privado.

La seguridad Social, Es un sistema obligatorio de cobertura, que tiene como responsabilidad la protección y bienestar de los ciudadanos. (IESS, IESS).

Realiza prestación económica en caso de jubilación, o cuando por riesgos expuestos al trabajo se da incapacidad laboral, por muerte, o desempleo del asegurado.

El **Seguro Privado** cubre y protege a las personas o entidades que contratan un seguro, para efecto de establecer alguna medida de prevención hacia un bien, persona u objeto pudiendo ser de suscripción obligatoria o voluntaria.

En materia de Seguro Social, los debates son habituales en la sociedad debido a controversias por tiempo en la atención, largos plazos o desniveles de responsabilidad en la atención, criterios que son vistos desde la perspectiva de los afiliados.

El modelo mixto, define al seguro social como una entidad encargada de prestar un seguro obligatorio, que abarca la salud, el riesgo de trabajo, sistema de pensiones por vejez, muerte e invalidez, Seguro Social

Campesino y proveer a los individuos del servicio de cesantías, fondos de reservas entre otras.

Es innegable, que el seguro social ha logrado poseer mejores criterios de responsabilidad y servicios, talvez porque el control en estas instituciones es desde un tiempo atrás mayor ya que, la satisfacción empresarial se traduce en la satisfacción de cada individuo que adquiere un servicio.

Con el pasar del tiempo el Instituto Ecuatoriano de Seguridad Social se ha estructurado de tal manera que busca efectuar reformas aplicadas a la organización, una de ellas es la estructura la cual está conformada con la creación de un sistema mixto de pensiones sustentándose en un Régimen Solidario Obligatorio, que abarca a todos quienes trabajan y el Régimen de Ahorro Individual por medio de aportes personales de trabajadores de forma voluntaria.

En nuestro país, la evolución de la actividad aseguradora y planes en fondos de pensiones, ha dado pasos agigantados; este crecimiento acelerado ha contribuido a que la dinámica que los afecta sea una de las más avanzadas del Sistema Financiero Ecuatoriano, por lo que, se han tenido que realizar continuas modificaciones legislativas que permitan mantener esta dinámica, paralela a la de ordenación y supervisión pública de las actividades aseguradora y de pensiones.

La Administración Pública a través de instituciones legalmente constituidas son entes reguladores y de supervisión de empresas aseguradoras, con el fin de evidenciar que estas tengan una situación solvente que les permita cumplir con su objeto social.

Por su parte el seguro privado es contratado directa y voluntariamente para cubrirse de ciertos riesgos, mediante el pago de una prima que se halla a su cargo exclusivo. Los seguros privados se concretan con la emisión de una póliza, en la que constan los derechos y obligaciones del asegurado y asegurador.

En Ecuador las normas sobre seguro eran las de la Colonia, y las del Código de Comercio Español de 1829 hasta mayo 1882, año en que entro en vigencia el primer "Código de Comercio". (Peña, Derechos de Seguro, 2000).

Hasta septiembre del 2014 en Ecuador existían alrededor 44 empresas de seguro, en su mayoría con movimiento activo en el área del seguro. (seguros S. d., 2014).

El objetivo del seguro privado puede clasificarse en seguros sobre las personas y seguros sobre la propiedad.

- Seguros sobre las personas: El seguro sobre las personas comprende el seguro colectivo de Vida, Asistencia Médica, Accidentes Personales, Seguro de Vida.
- Seguros sobre La Propiedad: Seguros sobre Multiriesgos, Incendio, Robo, Vehículo, Transporte, Seguro Marítimo y Montaje.
- Seguros del Patrimonio: Responsabilidad Civil, Fidelidad, Lucro Cesante por Incendio y Póliza por Lucro Cesante por Rotura maquinaria.

Una compañía de seguros o aseguradora es la empresa especializada, cuya actividad económica consiste en producir el servicio de seguridad, cubriendo determinados riesgos económicos (riesgos asegurables) a las unidades económicas de producción y consumo.

Dentro del área de seguro, un sinónimo de cobertura es "Garantía" que se refiere al compromiso requerido por la parte aseguradora para ofrecer una indemnización, estipulada previamente, por cuestión de un siniestro.

Ahora bien, existen diferentes clases de coberturas; principal y complementaria y de hechos previos, mantenida y abierta.

- **Cobertura principal y complementaria:** En las pólizas marítimas, la modalidad abierta es una cobertura propicia que un agente de seguros pueda aceptar una gran variedad de riesgos de distintos tipos.

Como ejemplo, tomemos el caso de un seguro de vida con vigencia temporal y con opción a ser renovado. La cobertura principal de un seguro así, garantizaría, en caso de la muerte del asegurado, una cantidad de dinero determinada para quienes aparezcan como beneficiarios.

- **Cobertura de hechos previos, mantenida y abierta:** Se trata de una cobertura de responsabilidad civil para solventar reclamos por acontecimientos que ocurrieron de manera previa al inicio del periodo comprendido dentro de la póliza. Es una cobertura muy relevante, puesto que las pólizas convencionales se limitan a ofrecer coberturas por reclamaciones representadas durante el periodo del seguro, pero no antes, ni de manera posterior.

En la actualidad la empresa aseguradora es considerada, a nivel mundial, como uno de los principales elementos que contribuyen al desarrollo financiero de los países, siempre y cuando sean entidades privadas y con solvencia económica propia ya que desde puntos de vista de algunos empresarios los beneficios a la sociedad son mayores generando fuentes de trabajo. Ecuador es el tercer país de mayor crecimiento en el sector de seguros en América Latina.

Según datos de la superintendencia de compañías hasta el año 2006 existían alrededor de 17 aseguradoras de asistencia médica que en término financiero dieron un resultado de $280,2 millones.

De manera equitativa se puede indicar que hay un mayor incentivo para que los trabajadores reclamen su afiliación a la seguridad social. Es necesario evaluar anualmente si las reformas al seguro de salud tienen el financiamiento suficiente de mediano y largo plazos.

CAPÍTULO 3

INSTRUMENTOS QUE RIGEN EL SEGURO ECUATORIANO

Resumen del capitulo

Las siguientes normativas controlan las operaciones del seguro y extinción de las personas jurídicas, las operaciones o actividades de trabajo de las personas naturales que forman parte del sistema de seguro Ecuatoriano.

Se llegara a conocer los puntos más relevantes de lo que hemos llamado "Instrumentos que rigen el Seguro Ecuatoriano" además de conocer el funcionamiento de este sistema y quienes lo integran.

Objetivos

- o Conocer la finalidad y ámbito de aplicación de la ley.
- o Proveer de conocimientos en materia de seguro.
- o Conocer las diferentes herramientas del seguro.

En 1909 mediante el registro oficial No. 1105 de 18 de Noviembre se dio apertura a disposiciones que rijan el control de las actividades aseguradoras por parte del estado emanado del "decreto Legislativo del 21 de octubre de 1909.

Las disposiciones que se establecían constaban en que las empresas aseguradoras debían por carácter obligatorio tener un apoderado que represente a la institución en el ámbito legal, poseer un capital que se responsabilicen de la legislación sobre las inversiones obligatorias del capital. En 1934 a través del registro oficial no. 71 se hiso público un decreto que reglamentaba la ley de diciembre de 1993. (Peña, Manual Derecho de Seguro, 2000).

Un año después, el 4 de octubre de 1935 se dictó una nueva ley que se reafirmaba en disponer que la institución reguladora de las empresas de seguros seria la Superintendencia de bancos, siendo fiscalizadora de las actividades que ejecuten designando a personas capacitadas y con conocimientos en fiscalización y verificación.

Uno de los incisos establecía la suma de $500.000 como capital mínimo para la operatividad y ejecución de actividades de las compañías de seguro y demostrar mensualmente los haberes del negocio ante la superintendencia de bancos.

En 1965 se dicta la "Ley General de Compañías de Seguros con decreto supremo No. 1551. Esta ley fue objeto de varias modificaciones con el fin de buscar efectos que reformen correctamente a las empresas de seguro.

Para el correcto manejo y regulación del seguro se crearon instrumentos que rigen las actividades del seguro privados ecuatorianos, son:

1. **La Ley General de Seguro**
   La ley general del Seguro tiene como finalidad *"regular la constitución, organización, funcionamiento y actividades que realizan las personas naturales que integran el sistema de seguro privado"*; las cuales se verán sometidas a las leyes de control de la Superintendencia de Bancos y Seguros. (SEGUROS).

2. **El Contrato de Seguro.**
   Decreto supremo No. 1147 en 1963, la legislación se aplica en todos sus ámbitos sin cambios sustanciales conteniendo elementos técnicos del contrato individual de seguro.

3. **Reglamentos y normas.**
   Que decrete la superintendencia de bancos y seguro para regular la acción de otros integrantes del sistema de seguros, peritos de seguro y asesores productores de seguros. (PEÑA, 2000).

Ley General Del Seguro.

AGENTES DEL SEGURO PRIVADO.

La Ley General del Seguro acuerda que el sistema de seguridad privado está conformado por:

Sistema de Seguro Privado

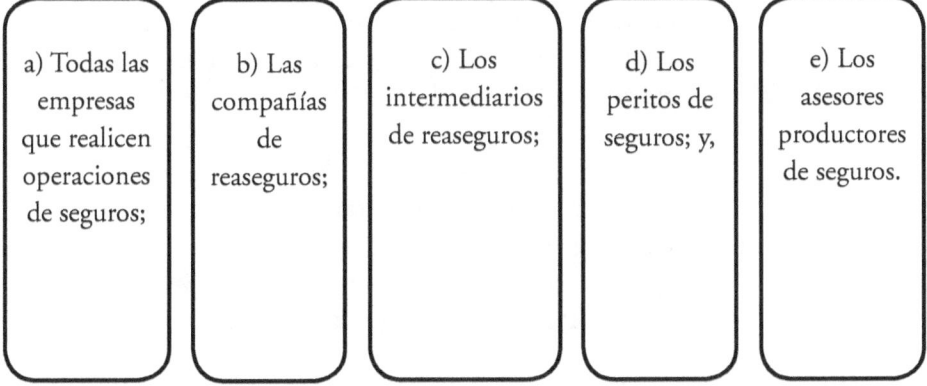

a) Todas las empresas que realicen operaciones de seguros;	b) Las compañías de reaseguros;	c) Los intermediarios de reaseguros;	d) Los peritos de seguros; y,	e) Los asesores productores de seguros.

Fuente: Ley General de Seguro

Empresas de Seguros: Son entidades con personería jurídica inscritas a la superintendencia de compañías fundadas en el territorio nacional. Las empresas podrán desarrollar otras actividades afines o complementarias con el giro normal de su negocio pero también se establece que aquellas personas que tengan vínculo o se relacionen con asesores productores de seguros, intermediarios de seguros y peritos de seguros previos a su función jurídica deberán poseer autorización previa de la superintendencia de bancos y seguros. De acuerdo a estadísticas hasta septiembre del 2014 Ecuador cuenta con 44 empresas de seguro, en su mayoría con movimiento activo en el área del seguro.

Reaseguradoras: Las compañías Reaseguradoras son aquellas encargadas de asegurar a empresas aseguradoras, es decir, es el seguro del seguro.

> "Otorgan coberturas a una o más empresas de seguros por los riesgos que éstas hayan asumido". (SUPERINTENDENCIA DE BANCOS Y SEGURO).

Tienen a su cargo a varias empresas aseguradoras y como función principal aceptar una parte o la totalidad del riesgo de una aseguradora. Toda empresa aseguradora debe tener una empresa reaseguradora establecida en el Ecuador.

Los **Intermediarios de Reaseguros** son personas jurídicas, quienes tienen como función ejecutar y colocar reaseguros para una o varias compañías de seguros o reaseguros. Con relación a estadísticas de diciembre del 2013 de la superintendencia de Bancos y Seguros existen 13 empresas intermediarios de seguros. (Seguros S. d., 2013).

> "Los asesores productores de seguros, intermediarios de reaseguros y peritos de seguros deben estar registrados ante la superintendencia de bancos además poseer discernimiento en materia de seguro así como tener un correcto desempeño en sus actividades". (SUPERINTENDENCIA DE BANCOS Y SEGURO).

Los intermediarios de reaseguros se clasifican en asesores productores y peritos de seguros y pueden ser personas naturales o jurídicas.

- **Asesores productores de seguros.** Pueden ser personas naturales o jurídicas autorizados por la superintendencia de Bancos y Seguros, los asesores pueden trabajar de manera dependiente es decir sirve a una sola empresa o puede ser independiente, pueden prestar sus servicios de seguro a varias instituciones.

- **Peritos de seguros:** Son especializados en una sola área y pueden ser:

  a) Inspectores de riesgos: Intervienen antes que se dé inicio a la póliza de seguro.
  b) Los ajustadores de siniestros: Personas naturales o jurídicas que intervienen en el momento en que se está dando el siniestro.

DE LAS PÓLIZAS Y TARIFAS.

Las Pólizas y Tarifas, se encuentra en el capítulo 3ero. De la Ley General de Seguro que responden a normas de igualdad y equidad entre las partes contratantes, para la redacción y firma de la póliza debe existir lectura comprensiva, tipografía legible, y que se háyase reflejado el tipo de cobertura con sus exclusiones destacándose como principal en la póliza, Incluir listado de documentos esenciales para el reclamo cuando se dé el siniestró, también debe contener la moneda en la que se pagarán las primas y siniestros.

Los datos relevantes que contiene este documento son:

a) La razón social del asegurador.
b) Nombres y dirección domiciliaria del asegurado y beneficiario.
c) Razón de ser por la que actúa el solicitante del seguro.
d) Referencia del bien u objeto a asegurar.
e) Hora y fecha de la contratación del seguro.
f) Parámetros tomados en cuenta en la póliza.
g) Monto asegurado.
h) Prima.
i) Clases de póliza.
j) Modificaciones del contrato o póliza, lo mismo que su renovación deben también ser suscritas por los contratantes.
k) y demás clausulas.

En ningún caso la cesión de la póliza nominativa produce efecto sin previa aceptación del asegurador. No prestan mérito ejecutivo contra el asegurador de la póliza de seguro, ni los demás documentos que la modifican o adicionan, solo en los seguros de vida dotales, una vez cumplido el respectivo plazo y en los seguros de vida en general, respecto de los valores de rescate.

Los principios en los que se sujetan las tarifas de primas son:

- Hacer cumplir las exigencias dadas por las partes y;
- Afianzarse como un respaldo para las partes.

DE LOS REASEGUROS.

El reaseguro brinda a las empresas aseguradoras solvencia, seguridad y oportunidad es por ello que toda empresa de seguro está en la obligación de contratar a una empresa de reaseguro que se encuentre autorizada por la superintendencia de bancos.

VIGILANCIA, Y CONTROL DEL SEGURO PRIVADO.

La vigilancia, y control del seguro privado es la supervisión de las entidades del Sistema del Seguro Privado por parte del superintendente responsable de auditar y supervisar o por sus delegados estando en capacidades de cumplir las funciones que demande el superintendente.

Las empresas que forman parte del sistema de seguro privado, son empresas constituidas legalmente, teniendo la responsabilidad de presentar sus estados contables ante el superintendente de manera mensual, para constancia se debe archivar por parte de las empresas el comprobante por un lapso no inferior a 6 meses.

El representante legal de las entidades debe dar a conocer al directorio todas las observaciones y recomendaciones en cuanto a la marcha del negocio, también editará por lo menos en forma trimestral boletines que contengan la situación financiera de las empresas, su solvencia y efectividad.

AUDITORES EXTERNOS.

Los **Auditores Externos** tendrán la facultad de fiscalizar las operaciones de las empresas de seguro, con relación a las normas expedidas por la superintendencia de compañía.

LIMITACIONES, PROHIBICIONES O SANCIONES.

Se establecen obligaciones por parte de quienes intervienen en el sistema de seguro cumpliendo con disposiciones dictadas a través de la ley de seguros, en casos de falta de incumplimiento esto acarrea la suspensión inmediata de las Operaciones, que será dispuesta por la Superintendencia de Bancos y Seguros. (cap. 7 art. 33 limitaciones, prohibiciones o sanciones).

Las empresas de seguro pueden realizar actividad distinta a la de su objeto social solo con bienes originarios de un siniestro, cuando los bienes son cedidos por un remate o en pago de una deuda que se dé por el cambio de sus negocios.

Existe la prohibición por parte de entidades de seguros ofrecer al público, directamente o por medio de asesores productores de seguros, coberturas que no puedan incluirse en los respectivos Contratos de seguro.

> "Conceder comisiones a los asegurados; y, en general, todo acto de Competencia desleal." (seguro).

Los asesores productores de seguros están prohibidos de suscribir cobertura de riesgos, a nombre propio o en representación de una entidad de seguros.

Se puede dar el traspaso parcial de cartera entre empresas de seguro que se encuentren acreditados para la sesión de carteras, la cesionaria se compromete a asumir las mismas obligaciones de la cedente y la superintendencia de banco aprobará la fusión de las empresas.

Las empresas de seguros y compañía de reaseguros se obligan a informar a la Superintendencia de Bancos el concepto del capital mínimo legal y de las inversiones y se debe amparar la asistencia técnica y el margen de solvencia, de no cumplir con lo dispuesto se sanciona con la reducción del capital a menos del mínimo legal, por parte de la superintendencia.

CONTRATO DE SEGURO

El contrato de seguro es regido por la Legislación del Contrato de Seguro publicado el 7 de diciembre de 1963 bajo Registro Oficial No. 123 e instituye que el contrato de seguro es un acuerdo pactado por el asegurador quien por medio de una prima se compromete a resarcir un daño o cumplir con el asegurado con una prestación ya pactada.

> "El seguro se configura como una pieza clave básica de la actual estructura social". (PEÑA, 2000).

Artículo 1.- El contrato de seguro es de acuerdo a la legislación del contrato de seguro. "Acuerdo por el cual una de las partes, el asegurador, se obliga a resarcir de un daño o a pagar una suma de dinero a la otra parte, tomador, al verificarse la eventualidad prevista en el contrato, a cambio del pago de un precio, denominado prima, por el tomador". (Seguro L. S.)

El contrato de seguro puede tener por objeto toda clase de riesgos si existe interés asegurable, salvo prohibición expresa de la ley.

ELEMENTOS DEL CONTRATO DE SEGURO

- El **asegurador:** Tiene el derecho de cobrar la prima y se compromete a indemnizar al asegurado.
- **Solicitante:** Persona natural o jurídica que contrata el seguro.
- **Asegurado:** Se compromete a pagar una prima y tiene derecho a cobrar una indemnización.
- El **solicitante y asegurado:** Pueden ser personas distintas porque cualquiera puede contratar un seguro para amparar los bienes de otro.
- **Beneficiario**: Es la persona que recibe el seguro.
- **Interés**: Es el objeto a asegurar por un valor económico.

- **Riesgo**: Es lo que se asegura "Siniestro" consiste en proporcionar seguridad económica contra el riesgo.

    o Se pacta como un acontecimiento incierto, debiendo ser retribuido por la compañía de seguro ya sea por el pago en efectivo o por la reparación de un daño.

- **Monto**: Es el valor asegurado o suma asegurada.
- **Prima**: Es el precio que paga el asegurado a la aseguradora por la protección que otorga. Es un pequeño porcentaje de utilidad del negocio, ya que se trata de una actividad comercial, de la que se espera obtener un beneficio licito".
- La **indemnización**: Simboliza el principio de la obligación que asume el asegurado y se puede cancelar por medio del pago en efectivo, reponiendo o reparando. (seguros S. d., 1963).

FUENTE: INSPECTSERV S.A

CARACTERÍSTICAS DEL CONTRATO DE SEGURO

En el manual de derecho de seguros Eduardo Peña manifiesta que el contrato de seguro es por naturaleza un contrato bilateral, oneroso, principal, y aleatorio. (Peña, Derechos de Seguro, 2000).

Es **Consensual** porque las dos partes bajo un consenso llegan a un acuerdo.

El contrato de seguro es **Oneroso** porque se cancela el siniestro.

Una de las características principales del contrato de seguro es la **buena fe** por medio de las partes que intervienen, debe ser **Recíproco**; las dos partes cumplen sus obligaciones.

Principal, Porque al ocurrir un siniestro lo primero a donde van acudir es al contrato de seguro.

Es **Indemnizatorio** porque se debe resarcir el siniestro ocurrido.

El asegurado o beneficiario tiene un plazo de 23 días para dar aviso del siniestro al asegurador, a su vez la aseguradora tiene 45 días laborables para indemnizar el siniestro.

Y por último es **aleatorio** ya que se desconoce si el riesgo por el cual se asegura la mercancía objeto o persona se va a dar en el lapso en que se tiene un seguro además se desconoce si su resultado va a significarles ganancias o pérdidas.

CLASIFICACIÓN DEL SEGURO

Esta clasificación se puede dar por **la naturaleza del riesgo** que se sub divide en:

- **Seguros de personas o de vida:** Cubre todo los daños que pueden sufrir los seres humanos producto de la naturaleza, este seguro también abarca enfermedad, educación, invalidez, entre otros.
- **Seguros generales, de daños o patrimoniales:** Cubren los daños como incendio, terremotos, huracanes, catástrofes producto de la naturaleza a los que están expuestos los bienes materiales.
- El **Seguro de responsabilidad civil frente a terceros:** Cubre aquellos daños que puede ocasionar el asegurado a terceras personas, tal es el caso de un accidente automovilístico en el cual choca el asegurado, por este caso el mismo deberá cancelar los daños.

- **Seguros de Caución o Fianzas**: Es cuando las empresas aseguradoras están en la facultad mediante la póliza de seguros otorgar a terceros, personas naturales o jurídicas, finanzas o garantías.

CLASE DE ASEGURADORES

- **Aseguradores Público:** Son aquellas instituciones que otorgan un seguro por parte del estado ecuatoriano.
- **Aseguradores Privado**: Empresas anónimas autorizadas a operar en el país como aseguradoras certificadas por la Superintendencia de Bancos y Seguros en el ramo del seguro que desea contratar.

NÚMERO DE ASEGURADOS

Seguro Individual: Es únicamente a una persona.
Seguro Colectivo: Está a disposición por una o varias personas.

TIPO DE ASEGURADOS.

Seguro Personal: Es la cobertura de un seguro amparado bajo un contrato de seguro para uso personal siendo de beneficio propio o de un tercero.

Seguro Empresarial: Este tipo de seguro quien lo contrata es el empleador hacia sus empleados o el representante legal para los bienes de su propiedad.

Por Su Duración.

Seguro De Corto Plazo: Este término es la contratación de periodos cortos por lo general son los empleados, a modo de pruebas.

Seguro anual: Contratados por periodos de un año, constituidos para seguros de carros, incendio.

Por La Exigencia De Su Contratación.

Seguros Obligatorios: Estos seguros están estipulados por decretos ejecutivos por ejemplo: el seguro contra incendio que se paga mediante la planilla de luz.

Seguros Voluntarios: Son contrataciones de seguros privados, opcionales no obligatorias, se los realiza de protección a la integridad personal, o a un bien patrimonial en específico.

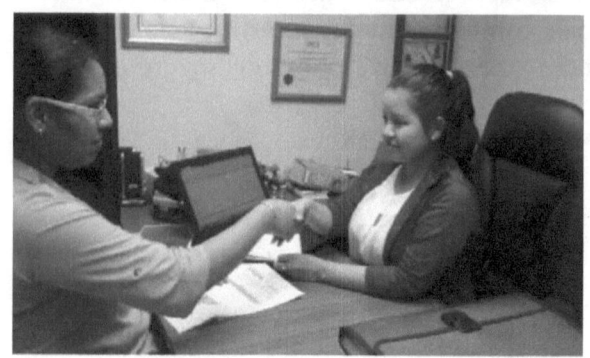

FUENTE: INSPECTSERV S.A

La Póliza De Seguro Parte Del Contrato De Seguro.

La póliza de seguro es un documento que se establece bajo la firma de un contrato certificando el pago de una prima por parte del solicitante, asegurado y comprometiendo a la empresa aseguradora a indemnizar el daño o riesgo producido al asegurado o beneficiario.

> "Art. 6.- "La póliza es un documento de uso privado firmado por los contratantes, y redactado en castellano, en este documento se describen las responsabilidades, derechos y obligaciones de las partes involucradas". (contrato, 1993).

La póliza de seguro ampara los derechos y obligaciones entre el asegurado y la aseguradora de acuerdo a la relación del seguro que se contrata, además es un documento donde se plasma el contrato de seguro.

Para realizar el seguro de un bien tangible e intangible se debe analizar e informarse detalladamente que se quiere asegurar para saber cuál es el riesgo que se quiere cubrir.

Condiciones Que Rigen a Las Pólizas.

- Equidad e Igualdad por los contratantes.
- Contar con una redacción y lectura comprensible para el asegurado.
- Caracteres legibles.
- Pacto de exclusiones de mutuo acuerdo.
- Acordar los documentos necesarios para la ejecución del seguro.
- Definir las condiciones generales y específicas dentro del contrato de seguro.
- Señalar la unidad o moneda en las que se pagará las primas y siniestros. (Bancos, 2014).

Estructura De La Póliza De Seguro.

Una póliza de seguro se encuentra estructurada de la siguiente manera:

1. **Condiciones Generales.-** son el marco de referencia bajo el cual se da el contrato de seguro, es decir son disposiciones estándar que se establecen en una póliza como normas, objeto del seguro, los riesgos amparados, la liquidación del siniestro entre otras.

2. **Condiciones Particulares.-** indica las condiciones específicas de riesgo para la persona o bien a asegurar, son aspectos individualizados del bien que se asegura extendiendo parámetros citados en las condiciones generales.

Beneficiario De La Póliza.

Es el nombrado por el asegurado de manera tácita o expresa como el titular del seguro.

CAPÍTULO 4

AVERÍA – CLASE DE PÓLIZA DE SEGURO - REASEGURO

Resumen del capitulo

El presente capitulo facilitará información sobre la existencia de la póliza de seguro ya que el seguro se define como un contrato entre el asegurador que es la entidad que se compromete mediante una prima resarcir un daño al asegurado quien se compromete a cancelar por el servicio y ambos cumplen con derechos y obligaciones en relación al pacto que realizan a través de un documento llamado póliza de seguro, entre otros conceptos se precisará temas de avería, Avería Simple, Avería Gruesa y Clases de Póliza.

Objetivos

* Definir que es Avería.
* Conocer las clases de Avería que existen.

AVERÍA

Se define como un impuesto sobre el comercio colonial de los siglos XVI y XVII en España; se imponía sobre los mercaderes o las mercancías. Asimismo, incluía a los pasajeros que se trasladaban a Indias.

Los ingresos generados servían para financiar a las armadas que protegían a las flotas comerciales que cubrían el circuito entre Indias y la metrópoli, expuestas con frecuencia a los ataques de los bollos exterminadores de piratas y bucaneros o a las potencias extranjeras en guerra con España.

Se comenzó cobrando el 1% sobre el valor+ de las mercancías, aunque el porcentaje no dejaría de crecer desde 1587, con el aumento de las amenazas de los piratas ingleses; en ocasiones se llegó al 30%.

El impuesto dejó de cobrarse en 1660 ante el fraude generalizado y el contrabando, que atentaban contra su buena gestión, dado que al final lo que se pagaba era una cantidad general en función de la carga estimada en concepto de amnistía y no un porcentaje sobre el valor real de las importaciones.

En términos generales se considera como avería al defecto producido en la transportación marítima durante su traslado hacia el puerto de destino cuyo objetivo es impedir que la carga o ya sea que la embarcación sufra alguna anomalía.

Podemos clasificar a las averías en dos grupos:

- Avería Simple: Son los daños que se producen de manera accidental e incluyen también todos los gastos que no han sido reflejados para un beneficio común.

- Avería Gruesa o común: Incluyen los daños y gastos no estipulados y también los realizados de manera voluntaria para un bien unánime del transporte y la mercancía.

AVERÍA SIMPLE O PARTICULAR

Es el siniestro ocurrido accidentalmente en el buque incluido toda la mercancía que este contenga, la cuantía es opuesta a la avería gruesa ya que sólo afecta al dueño de las mercancías.

Se considera como avería simple

- los accidentes ocurridos de forma fortuita durante el traslado de la carga y que no sea responsabilidad del capitán el incidente.
- Las anomalías y percances en buques ocasionados por maniobras para salvaguardar a la tripulación y a la mercancía.

Según lo dispuesto en el código al Derecho Marítimo, el cargador o embarcador son los responsables de los daños que incurran en la mercancía cuando se lleva a cabo esta situación, por parte del dueño del objeto que produjo el siniestro, se tomara en cuenta como una avería simple o particular.

Consideraciones de Avería Simple

1. "Se considera avería simple cuando por accidente marítimo o por caso fortuito existiese daños en el cargamento desde la fecha del embarque hasta la descarga del mismo y producto de este imprevisto se incurre en gastos con el fin de reparar el daño.
2. Los daños y gastos que sobrevinieren al buque en su casco, aparejos, armas y pertrechos, por las mismas causas y motivos, desde que se hizo a la mar en el puerto de salida, hasta que ancló y fondeó en el de su destino.
3. Mercaderías que sufren alguna enmendadura o daño a causa de ser manipuladas sobre cubierta.
4. Los sueldos y alimentos de la tripulación, cuando el buque fuere detenido o embargado por orden legítima o fuerza mayor, si el fletamento estuviere contratado por un tanto el viajes.
5. Cuando a razón de aprovisionamiento del buque se incurre en gastos al arribo en un puerto.
6. El menor valor de los géneros vendidos por el capitán en arribada forzosa, para pagos de alimentos y salvar a la tripulación, o para

cubrir cualquiera otra necesidad del buque, a cuyo cargo vendrá el abono correspondiente.

7. La avería simple cubre los alimentos de la tripulación así como los salarios cuando se encontrase en cuarentena el buque.

8. El daño fortuito al buque por el choque con otro buque a causa de un momento inevitable sin acción de poder prevenir por parte del capitán siempre que este accidente no se cause por descuido del capitán.

9. Daños al cargamento que se genere por descuido del capitán inclusive por parte de la tripulación." (Adler).

AVERÍA GRUESA O COMUNES

Según Blas Simone, 1996; las averías gruesas o comunes son:

"pérdidas extraordinarias (daños o gastos) que afectan a la comunidad navegante y que se reparten entre todos los titulares de los bienes que la integran (buque, flete y carga)".

Es el defecto producido en la transportación marítima durante su traslado hacia el puerto de destino cuyo objetivo es impedir que la carga o la embarcación sufra alguna anomalía. La acción es realizada de manera razonable y voluntaria por el capitán ante un peligro con la finalidad del salvaguardo y seguridad común.

Inicialmente la Avería Gruesa estaba descrita en la LEX RHODIA DE IACTU fundada en el principio de la misma, su adopción por los distintitos países se dio con diferentes reglas de acuerdo a disposiciones de los países.

En el siglo XIX se desarrollaron normas internacionales para alcanzar una uniformidad y la regularidad de la avería gruesa, estas reglas se las llamaría York Amberes de 1950. Estas reglas se daban de forma obligatoria para quienes aceptaban de forma voluntaria ser sometidos a ellas, la estructura de las reglas de YORK AMBERES estaban dadas por siete literales y veintidós numéricos, en la que se definía como una características de la avería gruesa la presencia de un peligro real y existente en un buque, y debía ser notificada y juzgada por un juez en el momento exacto del peligro, el cual debía representar una amenaza al buque flete o la carga en conjunto.

El origen del peligro se da en base a 2 teorías, la primera es la teoría francesa que sustenta que no es avería gruesa cuando se produce un daño por cuenta propia del capitán. Y la segunda es la teoría inglesa, alemana la cual consagro las reglas "York-Amberes de 1924" esta determinaba que todo riesgo se consideraba avería gruesa.

Otro elemento que caracteriza a la avería es la voluntad del capitán para contrarrestar un peligro; el sacrificio tiene que ser excepcional para considerarse como avería y el fin del sacrificio debe ser el resultado de un acto extraordinario.

Razones Por Las Que Se Da Una Avería Gruesa.

1. Los efectos o metálicos invertidos en el rescate del buque del cargamento apresado por enemigos, corsarios o piratas; y los alimentos, salarios y gastos del buque detenido mientras se hiciere el arreglo del rescate.
2. Los efectos arrojados al mar para aligerar el buque, ya pertenezcan al cargamento, ya al buque o a la tripulación; y el daño que por tal acto resulte a los efectos que se conserven a bordo.
3. Los cables y palos que se corten o inutilicen, las anclas y las cadenas que se abandonen para salvar el cargamento, el buque o ambas cosas.
4. Los gastos de alijo o trasbordo de una parte del cargamento para aligerar el buque y ponerlo en estado de tomar puerto o rada, y el perjuicio que de ellos resulte a los efectos alijados o trasbordados.
5. El daño causado a los efectos del cargamento, por la abertura hecha en el buque para desaguarlo e impedir que zozobre.
6. Los gastos hechos para poner a flote un buque encallado de propósito con objeto de salvarlo.
7. El daño causado en el buque que fuera necesario abrir, agujerear o romper, para salvar el cargamento.
8. Los gastos de curación y alimento de los tripulantes que hubieren sido heridos o estropeados defendiendo o salvando el buque.

9. Los salarios de cualquier individuo de la tripulación detenido en rehenes por enemigos, corsarios o piratas, y los gastos que cause en su prisión, hasta restituirse al buque o a su domicilio, si lo prefiriese.
10. El salario y alimento de la tripulación del buque fletado por meses, durante el tiempo que estuviera embargado detenido por fuerza mayor u orden del gobierno, o para reparar los daños causados en beneficio común.
11. El menoscabo que resultare en el valor de los géneros vendidos en arribada forzosa, para reparar el buque por causa de avería gruesa.
12. Los gastos de liquidación de la avería.

La avería gruesa es derivada de los sacrificios (gastos o daños extraordinarios) realizados de manera voluntaria por el capitán con el objeto de salvaguardar a la colectiva que van junto al capitán, ante un peligro cierto o próximo a darse.

De acuerdo al Art. 896 del Cód. Civil avería gruesa son todos los acontecimientos susceptibles de producir adquisición, modificación, transferencia o extinción de derechos y obligaciones. De tal forma, a ese hecho humano o elemento material, la ley le asigna la posibilidad de tener una consecuencia jurídica.

El sacrificio solo constituye un hecho material que no significa, por sí mismo, una avería gruesa. Al decidirse a realizar un sacrificio, el Capitán actúa justificado, por las facultades o poderes que tiene, pero sin comprometer, a los partícipes en la expedición.

Esa decisión es un hecho humano lícito y simple que sólo produce resultados materiales sin establecer relaciones obligacionales o jurídicas con los interesados en la comunidad navegante.

POLIZA, CLASES DE PÓLIZA.

Existen diversas clases de póliza de acuerdo al bien que se requiere asegurar, a continuación se presentan algunas de ellas.

1. PÓLIZA DE TRANSPORTE DE MERCANCÍA

A. ALCANCE DEL SEGURO

Cobertura.

El seguro de transporte cubre los riesgos a los cuales está expuesto las mercancías en el transcurso del viaje siempre que estén amparados en el contrato de seguro.

Las principales formas de cobertura son:

- "Libre de Avería Particular",
- "Con avería Particular" y
- "Contra Todo Riesgo".

Seguro "Libre de Avería Particular"

El seguro de libre avería particular se realiza una vez ejecutado el contrato, la empresa aseguradora se responsabiliza de la mercancía aseguradora cuando existiese un accidente fortuitos o de fuerza mayor y como consecuencia de estos accidentes se dan daños o pérdida total de la mercancía siempre que estos sea a consecuencia de catástrofe natural como terremoto, maremotos, temblores, inundaciones, deslizamientos de tierra, rayos, marejada, naufragio ; daños al buque tales como abolladuras por sustancias solidas en el medio de transporte, también por caídas de puentes, descarrilamientos, caída de aeronaves o partes de ellas; o accidentes que sean por causa de explosión, incendio, y cuando exista merma total de bultos completos entiéndase como la perdida de mercadería y empaque en el transcurso de una operación de transbordo o durante la carga y descarga.

Seguro "Con Avería Particular"

La responsabilidad del asegurador es cubrir los daños que ocurran en las mercancías siempre que estén contempladas en el contrato de seguro excepto cuando se dé por "riesgos especiales" las cuales se mencionan a continuación.

- infiltración de agua dulce en el buque y que esto provoque daños en la mercancía.
- Oxidación o herrumbre.
- Rotura.
- Derrame.
- Deterioro o perdidas de la mercancía por causa de roedores.
- Daños de la mercancía por razones que no se encuentran al alcance de cuidado como a causa de bichos.
- Contaminación por olores extraños que provoquen perdida de las mercancías objetos del seguro.
- Extracción de mercancía por y Falta de Entrega.

En relación a los riesgos especiales están sin embargo cubiertos si la pérdida o daño ha sido causado por un accidente específico.

> "La responsabilidad del asegurador aborda desde el momento en que las mercancías quedan a disposición del porteador y concluye con la llegada de las mismas al destino indicado en la póliza". (Legislacion sobre el Contrato de Seguro, 1963).

Seguro "Contra Todo Riesgo"

Las pérdidas o daños que sufra la mercadería asegurada se ampara bajo responsabilidad del asegurador.

Inclusiones comunes a toda forma de cobertura.

Se sujeta a toda forma de cobertura, las siguientes especificaciones:

a) cuando dentro del contrato de fletamento se establecen contribuciones de Avería Gruesa aplicables a la mercadería asegurada de acuerdo con la Ley o con las reglas de York Amberes.

b) cuando por razón de salvaguardar el objeto asegurado, por parte del agente liquidador esto repercute en gastos.

Las mercancías amparadas bajo la póliza de transporte cubre los daños o siniestro ocurridos a estas desde la bodega del país de origen incorporadas en el medio de transporte cubriendo el transcurso del viaje y culmina cuando el medio de transporte descarga la mercancía en la bodega del consignatario.

Demora.

El tiempo límite que cubre el seguro de transporte de mercancías es de 30 días en caso de demora del medio de transporte sujeto a transportar la mercancía y que por fuerza mayor se atrase la entrega de la misma a causas de demora en lugares intermedios de su transportación, la cobertura continuará en vigencia por un nuevo período de 30 días.

2. PÓLIZA DE LUCRO CESANTE

También se lo conoce como Seguro de pérdida de beneficios, Seguro de pérdida de utilidades, Seguro de pérdida de explotación, Seguro de paralización de actividades o Seguro de daños indirectos.
Toda empresa se establece con el propósito de obtener utilidades, a través de la satisfacción de unas necesidades, bien sea que éstas preexistan, bien que se creen con el lanzamiento del producto. Pero en definitiva, se trata de ganar dinero en el desarrollo de una actividad, en la cual se han comprometido los capitales de los socios.

Consecuencias de un siniestro.

a) **Pérdidas materiales.**

a.) Destrucción o daño de edificios, maquinarias, mercancías, materia prima de propiedad de la empresa.

b) **Lesiones o muerte o afecciones de operarios, de personas extrañas al negocio, visitantes, vecinos, transeúntes, etc.**

a.) Destrucción o daño de bienes de terceros que se encuentren dentro o fuera del negocio.

c) **Interrupción de la actividad del negocio, que puede generar:**

a.) Pérdida de la producción.
b.) Disminución de las ventas estimadas.
c.) Incumplimiento de contratos de suministros o de ejecución.
d.) Pérdida de mercado, la cual será mayor en la medida que el producto permanezca fuera de él.
e.) Necesidad de pagar los gastos que continúen causándose durante la paralización, sin que se perciban los ingresos suficientes para cubrirlos.
f.) Despido de operarios, debido a la reducción de la producción o de las ventas y a la necesidad de eliminar costos.

Datos relevantes de la póliza de lucro cesante.

No basta con reparar o reemplazar los edificios, maquinarias o mercancías dañadas o destruidas, Debe garantizarse la continuidad y supervivencia del negocio.

A pesar de que la cobertura de pérdida de beneficios es menos tangible que la de daños materiales, no quiere decir que sea menos beneficiosa.

El seguro de lucro cesante protege el balance y los resultados de la empresa.

El objeto de la póliza es Indemnizar las utilidades brutas o parte de ellas como consecuencia de un siniestro cubierto por la póliza de daños materiales que produzca una interrupción del negocio con disminución del ingreso.

La condición de la póliza es que al momento de producirse la interrupción con disminución de ingresos exista y esté vigente una póliza de daños materiales y que el siniestro se halle cubierto y sea reconocido por la aseguradora.

3. PÓLIZA DE ROBO Y ASALTO

La finalidad es indemnizar toda pérdidas o daño que sufre los bienes asegurados dentro de las residencias o establecimientos a consecuencia de la apropiación indebida por parte de terceras personas, de la propiedad personal o institucional, siempre que queden como evidencia huellas de violencia en las cosas y actos de violencia y/o amenaza a las personas.

Ampara la pérdida y/o daño material proveniente de robo o tentativa de robo, de los objetos asegurados en los locales o residencias asegurados por medio de la violencia en los objetos o personas.

Los daños ocasionados a edificios, residencias o locales asegurados por el intento de robo también están amparados.

Cobertura

Existen 2 clases de cobertura.

- La Cobertura Básica: Es el Robo con violencia en las personas o fuerza sobre las cosas.

- Las Coberturas Adicionales: Son los daños materiales al edificio, con motivo del robo o la tentativa de hacerlo.

Esta Póliza asegura, bajo la condición de que el autor del robo se haya introducido desde el exterior de los locales, o haya salido de los mismos, descritos en dichas condiciones a través de los siguientes métodos, entre otros:

a) Rotura de puertas, ventanas, paredes, pisos o techos;
b) Apertura de las chapas de dichas puertas o ventanas, utilizando llaves falsas u otros medios ilícitos.

Exclusiones

Quedan expresamente excluidos de la cobertura otorgada por la presente Póliza:

a) Daños derivados, directa o indirectamente, de fenómenos naturales, tales como terremotos, temblores, erupción volcánica, fuego subterráneo, inundaciones, incendio y/o explosiones, así como aquellos derivados de eventos bélicos, guerra, invasión o cualquier acto de hostilidad por enemigo extranjero, conmoción civil, golpes de estado, huelgas, revolución, insurrección, ley marcial, sedición, asonada, motín o tumulto popular, huelga.

Vencimiento y Renovación

El seguro amparado por esta Póliza terminará automáticamente al medio día de la fecha de su vencimiento, estipulada en las condiciones particulares de la misma. Sin embargo, podrá prorrogarse previa aceptación de la Compañía, siempre y cuando tal prórroga conste en un documento firmado por ella y se regirá por las condiciones especificadas en el mismo.

Esta Póliza podrá renovarse, por períodos consecutivos, mediante el pago por parte del Asegurado de la correspondiente prima de renovación, al tipo de prima que la Compañía tuviese en vigor al tiempo de la renovación. La Compañía no se encuentra obligada a dar aviso al Asegurado acerca del vencimiento de esta Póliza y se reserva el derecho a rehusar la renovación de la misma.

Obligaciones del Asegurado en Caso de Siniestro

a) Denunciar, sin demora, el hecho a las Autoridades competentes, cuando se trate de un hecho delictivo o así corresponda a la naturaleza de aquel.

b) Comunicar por escrito a la Compañía dentro de los tres (3) días siguientes en que tuvo conocimiento del mismo.

c) Presentar dentro de los diez (10) días siguientes a la fecha en que el siniestro tuvo lugar, o en cualquier otro plazo que la Compañía le hubiere concedido por escrito, la reclamación formal del robo, efectuando una mención circunstanciada del mismo, acompañada de un estado de pérdidas y daños causados por él, indicando, si fuere el caso, del modo más detallado y exacto que le fuera posible, los varios objetos sustraídos o dañados y el importe de la pérdida correspondiente;

d) Poner a disposición de la Compañía o de su representante la documentación pertinente que pueda ser utilizada para establecer el monto exacto del reclamo.

Documentos necesarios para la reclamación de siniestros.

- Carta de presentación formal y explicativa del reclamo.
- Detalle valorado de la pérdida.
- Copia de documentos contables que prueben la preexistencia de los bienes robados.
- Original de la denuncia ante las autoridades competentes.
- Copia certificada del informe final de investigaciones realizadas por la policía.
- Original del informe de la empresa de seguridad y/o de guardianía y/o de alarmas.
- Copia del inventario valorizado de bienes y/o mercaderías.
- Original de los presupuestos de reparación y/o reposición.
- Originales de facturas definitivas (una vez aprobado el reclamo).
- Original del informe técnico de daños.

En caso de robo de dinero enviar además:

- Copia de egresos de caja y/o cheques (anverso y reverso).
- Copia de documentos contables de preexistencia del dinero.
- Copia de carta con fe de presentación de solicitud de anulación de cheques y/o documentos robados.

Pago de la indemnización

La compañía aseguradora del siniestro amparada bajo la póliza de robo y asalto tiene un plazo de cuarenta y cinco (45) días siguientes a la notificación por escrito del siniestro para resarcir el daño.

4. PÓLIZA DE FIDELIDAD.

La falsificación por parte de terceras personas, robo, malversación de fondos, sustracción fraudulenta, mal uso premeditado, falta de integridad o de fidelidad o cualquier otro acto semejante a los mencionados en las que exista apropiación indebida por parte de algún empleado en el manejo de dinero, valores y bienes cubre la póliza de fidelidad. Este seguro no es aplicable al empleado doméstico. Está amparado bajo la póliza de seguro de fidelidad lo siguiente.

Fidelidad Del Sector Público.

La póliza ampara actos engañosos realizados por el servidor público de una entidad asegurada tales como el desfalco, falsificación, robo, ratería, desaparición fraudulenta, actuando solo o en complicidad de otros y que estos produzcan perjuicios económicos comprobables.

Fidelidad Del Sector Privado.

Cubre actos maliciosos que produzcan perjuicios económicos cometidos por el empleado. Este seguro ampara los actos fraudulentos tales como desfalco falsificación robo, ratería, y desaparición fraudulenta.

La póliza de fidelidad cubre desde el momento en se pacta el contrato hasta su finalización. Los robos que se cometen por parte de los empleados no están amparados bajo esta póliza.

No cubre beneficios o perjuicios o lucro cesante que por la ocurrencia del riesgo cubierto este sufra.

Para solicitar la ejecución de la póliza que cubre el acto doloso por parte de un servidor público o privado cuando se dé el siniestro, los documentos a presentar por parte del asegurado son los siguientes:

- Emisión de una carta en la que describa los acontecimientos y el lugar en el que se dio la pérdida o el acto doloso.
- Presentar el respectivo documento que demuestre la denuncia hecha por parte del asegurado en una institución policial u autoridad competente.
- Detalle del valor más o menos cuantificado de la pérdida.
- Un detalle contable que especifique cada bien objeto del siniestro.
- Copia del original contrato de trabajo del empleado que causo el dolo.

  - Documentos de identificación y datos de trabajos anteriores del empleado que causo el dolo.
  - Constancia del respectivo pago de los haberes.
  - Si el fraude es de mercadería se presenta 2 inventario respectivo que detalle el antes del robo y después del suceso.
  - Se realiza una auditoria y se presenta el informe final que detalle el perjuicio económico.
  - Notificación de la boleta de captura.
  - Sustento de la acusación particular y lo ejecutado en el juicio.
  - Por último el informe que emite la autoridad encargada del caso.

Cobertura

La Compañía garantiza al Asegurado, hasta el importe estipulado en las condiciones particulares, de los perjuicios causados por fraude, sustracción y falta de integridad o fidelidad del (los) empleado(s) designado(s) en esta Póliza.

Exclusiones

El presente seguro no cubre los daños causados por los familiares del Asegurado; de la misma manera, no ampara infidelidad cometida por empleados a quienes el Asegurado, al extender la solicitud, los supiera culpables de una anterior infidelidad, excepto el caso en el que la Compañía acepte el riesgo en forma especial.

Se entenderá por empleado y/o afianzado a la persona que durante la vigencia de esta Póliza se encuentre al servicio directo del Asegurado, en el curso ordinario de los negocios de éste, a tiempo completo y que figure en sus planillas con remuneración mediante salario o sueldo y a quien el Asegurado tenga derecho a dirigir y mandar, durante el desempeño de sus funciones.

Pago de primas

Las primas son pagaderas al contado y por anticipado, contra recibo oficial de la Compañía, cancelado por la persona autorizada para la cobranza. A falta de cobro por medio de corresponsales banqueros, es obligatorio pagar la prima en cualquiera de las oficinas de la Compañía. En caso de que la Compañía aceptare dar facilidades de pago al cliente para cobrar la prima, la demora de treinta (30) días o más en el pago de cualquiera de las cuotas producirá la terminación automática del contrato de seguro y dará derecho a la Compañía para exigir el pago de la prima devengada y de los gastos incurridos en la expedición del contrato, o, estará obligada a devolver al Asegurado la prima no devengada, si fuere el caso.

El plazo de gracia de treinta (30) días, mencionado en el inciso anterior, no es aplicable al pago de la cuota inicial de la prima, ya que el contrato de seguro no se considerará vigente mientras dicha cuota no haya sido pagada a la Compañía.

El pago que se haga mediante la entrega de un cheque, no se reputa válido sino cuando éste se ha hecho efectivo, pero su efecto se retrotrae al momento de la entrega.

Vencimiento Y Renovación

El seguro amparado por esta Póliza terminará automáticamente al medio día de la fecha de su vencimiento estipulada en las condiciones particulares de la misma. Sin embargo, podrá prorrogarse previa aceptación de la Compañía, siempre y cuando tal prórroga conste en un documento firmado por ella y se regirá por las condiciones especificadas en el mismo.

Esta Póliza podrá renovarse, por períodos consecutivos, mediante el pago por el Asegurado de la correspondiente prima de renovación, al tipo de prima que la Compañía tenga en vigor al tiempo de la renovación.

La Compañía no se encuentra obligada a dar aviso al Asegurado del vencimiento de la Póliza, reservándose el derecho de rehusar la renovación de la misma.

REASEGUROS

> Art. 85.- "El reaseguro es una operación mediante la cual el asegurador cede al reasegurador la totalidad o una parte de los riesgos asumidos directamente por él". (SEGURO, 1963).

El reaseguro es un instrumento técnico que trae consigo la compensación, igualdad y homogenización de la cartera de riesgos asumidos por una empresa aseguradora a través de la cesión de riesgos con la finalidad de disminuir el volumen intensivo de siniestros por parte de una empresa reaseguradora.

En materia de reaseguro, se distribuye el riesgo excesivo de las empresas aseguradoras por lo menos si se computa su volumen con el índice de intensidad de siniestros. Además por medio del reaseguro se pueden obtener participaciones en el conjunto de riesgos homogéneos de otra empresa y, por lo tanto, multiplicar el número de riesgos iguales de una entidad.

Historia del Reaseguro

En 1370 se originó por primera vez, el término reaseguro a través de una póliza de seguro marítimo.

Para leyes anteriores entre ellas la inglesa en 1745, el reaseguro se lo podía otorgar siempre que una empresa aseguradora no se abastecía para asegurar un riesgo y esta empresa era declarada sin solvencia económica para lo cual se lo determinada como una operación ilegal.

Para países como Francia la operación se efectuó por primera vez en el siglo XVII.
Un siglo después en Europa se practicó el reaseguro pero esta operación retomo fuerza en el siglo XIX como un negocio facultativo.

En el año 1852 la Cologne Reinsurance Company fue la primera empresa de carácter jurídico en impartir de manera profesional las operaciones de reaseguro.

Elementos del Reaseguro.

El reaseguro se practica bajo un contrato de reaseguro dado por la buena fe y de carácter oneroso ya que el reasegurado debe cancelar un valor de la prima por el reaseguro contratado.

El reaseguro al igual que el seguro cuenta con una clasificación la cual se presenta a continuación.

I. **Por razón de su obligatoriedad**

1. reaseguro obligatorio. La empresa aseguradora se compromete a ceder y el reasegurador se compromete a aceptar determinados riesgos bajo parámetros y condiciones a través de un contrato suscrito llamando tratado de reaseguro.

2. reaseguro facultativo. En esta clase de reaseguro se concretan condiciones que van a regir la cesión y la aceptación a través de comunicados de característica particular es decir individual.

3. reaseguro obligatorio-facultativo. Es un reaseguro mixto, en el que la empresa reaseguradora pacta y se obliga a aceptar los riesgos mientras que la aseguradora no se compromete a ceder sus riesgos pero queda pactado por medio de una carta de garantía o cover.

II. Por razón de su contenido

"El reaseguro por razón de su contenido se refiere a los siniestros efectivamente producidos, puede hablarse, respectivamente, de reaseguro de riesgos y reaseguro de siniestros". (MAPFRE, 2014).

Reaseguros de riesgo, existen los siguientes:

1. reaseguro cuota-parte. El reasegurador participa en los riesgos asumidos por la aseguradora en una proporción fija en determinado ramo o modalidad de seguro.

   Es decir que si existe un reaseguro cuota-parte al 50% en el ramo de incendios, esto significa que en las "pólizas" suscritas por la aseguradora se menciona que al reasegurador corresponderá un 50% de las primas, así como la mitad del importe de los siniestros que afecten a tales pólizas. (Mapfre, Reaseguro, 2014).

2. reaseguro de excedente. El reasegurador participa en los riesgos asumidos por la aseguradora en una proporción variable. La variabilidad tiene dependencia a la Tabla de Plenos y la Capacidad del Contrato.

   "La Tabla de plenos, refleja la parte de riesgo que retiene por cuenta propia la compañía cedente respecto a las pólizas que suscriba en un determinado ramo y se encuentra determinada en función de la peligrosidad intrínseca de los riesgos asegurados". (Mapfre, reaseguro, 2012).

Reaseguros de siniestros, existen los siguientes:

1. reaseguro de exceso de pérdida. La participación en el ramo de siniestro por parte de la empresa reaseguradora se realiza siempre que el importe del riesgo sea una cuantía previamente determinada.

2. reaseguro de exceso de siniestralidad. Es aquel en que la cedente fija el porcentaje máximo de siniestralidad global que está

dispuesta a soportar en determinado ramo o modalidad de seguro, corriendo a cargo del reasegurador el exceso que se produzca. (Mapre, 2012).

De acuerdo a informes de fundación Mapfre detalla que existen otros tipos de reaseguro los cuales son detallados a continuación:

- Reaseguro aceptado. Se utiliza como una expresión para denominar la parte del riesgo o riesgos asumidos por el reasegurador.

- Reaseguro automático. Es aquel en que el reasegurador asume la parte proporcional de una serie de riesgos por el mero hecho de que estos hayan sido aceptados originariamente por la cedente, sin establecer exclusiones predeterminadas.

- Reaseguro cedido. Es la porción o parte de los riesgos que la compañía aseguradora transfiere al reasegurador.

- Reaseguro ciego. Aquel en que, en aras de una mayor simplificación administrativa y en base a la confianza que el reasegurador tiene en la cedente, esta no está obligada a comunicar a aquel el detalle de las operaciones que le son cedidas (borderós), sino el conjunto de primas que estas representen.

- Reaseguro de cantidades. Es aquel que se estipula en base a los capitales asegurados en las pólizas. Se denomina reaseguro de riesgos para contraponerlo al reaseguro de siniestros o reaseguro de daños, en el que la base de la participación del reasegurador está representada por los siniestros efectivamente producidos.

- Reaseguro de catástrofe. Es aquel que está destinado a proteger a la cedente frente a contingencias anormales producidas por acontecimientos realmente catastróficos que excedan de unas previsiones razonables de siniestralidad.

CAPÍTULO 5

RIESGO DE TRABAJO

RESUMEN DEL CAPÍTULO

El Riesgos del Trabajo (SGRT) tiene como principio el accionar programas de prevención que garanticen la seguridad de todo el equipo humano que está dentro de un sistema de trabajo en los que incluye empleador y afiliados, la particularidad es brindar oportunamente seguridad en salud física a los afiliados y a sus familias en las contingencias derivadas de accidentes de trabajo y enfermedades profesionales.

A través de este capítulo conoceremos los ejes del sistema de gestión así como los riesgos amparados bajo la modalidad de riesgo de trabajo, que principalmente nos ayudara a evaluar a que tipos de riesgos estamos expuestos y como evitarlos.

Objetivos

- Identificar los riesgos amparados bajo el riesgo de trabajo.
- Conocer el plan de mejora que se aplica en una auditoria de trabajo y que modalidades utiliza.
- Evaluar el reglamento de riesgo de trabajo por medio de esquemas.

Un riesgo es la probabilidad de que ocurra algún hecho indeseable. (Soldano, 2009).

Partiendo de esta definición se establece que el riesgo se pueda dar por la unión de la vulnerabilidad y la amenaza, hechos probables de un siniestro.

> "El riesgo laboral se denominará grave o inminente cuando la posibilidad que se materialice un accidente de trabajo es alta y las consecuencias presumiblemente severas o importantes". (Salvador, 2000).

> "El programa de riesgo de trabajo instaura sistematizaciones de seguridad y salud a los afiliados del IESS, buscando restar enfermedades de ambiente laboral y accidentes por el riesgo de trabajo. (Social I. E., 2010).

La particularidad del Sistema de Riesgo de Trabajo es resguardar al afiliado, desde el primer día de labores, siendo fundamental los programas médicos y servicios quirúrgicos, hospitalario; provisiones y programas de rehabilitación entre otros servicios para contemplar acciones de prevención y salud en el trabajo.

De acuerdo a la ley SART en Ecuador la finalidad del IESS es que todas las instituciones que tienen a su cargo trabajadores cumplan mecanismos de prevención y acciones de seguridad, elaboración del perfil de aptitudes físicas, síquicas y sociales, establecer contactos con la empresa donde el candidato trabajaba para su posible incorporación a otro puesto de trabajo y crear talleres de formación profesional en los que se dicten cursos teórico y/o prácticos, entre otros.

Además de incorporar al jubilado de invalidez general a una vida de trabajo laboral y social lo más normal posible dependiendo de su capacidad, este plan permite la valoración del grado de incapacidad y destrezas del candidato a recibir el proceso de readaptación.

RESOLUCIÓN No. 741

REGLAMENTO GENERAL DEL SEGURO DE RIESGOS DEL TRABAJO

Los riesgos siempre están propensos a suceder en el ambiente laboral sea dentro o fuera de la institución, la empresa contratante tiene la obligación de indemnizar con el 75% y el seguro social con el 25% de su sueldo, además del descanso de acuerdo a la gravedad del accidente.

"En estos casos el accidente debe ser comprobado conociéndose la circunstancia en que se da el accidente, mediante la apreciación libre de pruebas presentadas e investigadas por la Institución". (SART RESOLUCION 741)

Agentes Específicos Que Entrañan El Riesgo De Enfermedad Profesional

AGENTES FÍSICOS	Ruido y ultrasonido	
	Radiaciones ionizantes	
	Radiación infrarroja, ultravioleta, microonda, radar.	
	Aumento o disminución de presión atmosférica	
	Movimientos, vibraciones o fricción continúo	
	Cambio de temperatura	
AGENTES QUÍMICOS	Plomo, mercurio, Arsénico, cromo, fosforo	
	Manganeso cadmio	
	Flúor, benceno, alquitrán, alcoholes y éteres.	
	Sulfuro de carbono, plásticos y resinas de tipo toxico, cemento y yeso.	
AGENTES BIOLOGICOS	Infecto-contagiosos:	Anthrasis, tuberculoso, brúcela, rabia, tétano, hepatitis B, SIDA
	Vegetales:	Litre y hongos
	Animales ponzoñosos.	Serpientes, alacranes, avispas, otros insectos
	Microorganismos y parásitos.	son elementos patológicos de la cualquier enfermedad profesional.

POLVOS Y FIBRAS	Se encuentran inmersas todas las enfermedades que adquieren a traves de los diversos polvos o fibras que se encuentren en el ambiente

AGENTES PSICO - **PSICOFISIOLÓGICOS**	Sobresfuerzo fisiológico
	Tensión psíquica

Fuente: Ley SART

Los agentes de riesgos que se mencionan en el cuadro anterior se pueden presentar en todo tipo de organización y en actividades diarias o frecuentes realizadas por el personal de una empresa.

El reglamento sobre el seguro de riesgo de trabajo demanda que toda empresa que cumpla con los beneficios que por ley le corresponden a sus afiliados pueden acogerse al seguro de riesgo de trabajo.

Derecho de las prestaciones en el seguro de riesgo de trabajo

Condiciones para que las personas puedan acceder a las prestaciones al seguro de riesgo de trabajo.

- Se dan desde el primer día de trabajo registrado en el IESS con el respectivo aviso de entrada o planillas de aporte, en el caso de que no estuviera registrado dichos derechos serán cobrados al empleador.
- Voluntarios y autónomos que se encuentren afiliados al IESS con un mínimo de seis aportaciones.
- Jubilación de vejez.

Acciones que se consideran accidentes de trabajo.

1. El lugar en el que se produce el riesgo sea su puesto de trabajo o fuera del establecimiento pero por razones de trabajo.
2. El que ocurriere fuera del lugar de trabajo ejecutando actividades encomendadas propias de sus labores.
3. Cuando por acciones de terceras personas el trabajador en ejecución de sus actividades se accidente.
4. El que ocurriere como consecuencia del desempeño de actividades gremiales o sindicales de las organizaciones que se encuentran legalmente reconocidas o en formación. (SART, REGISTRO OFICIAL 319, 2010).

Incapacidades originadas en accidentes de trabajo o enfermedades profesionales.

1. Incapacidad Temporal.
2. Incapacidad Permanente Parcial.
3. Incapacidad Permanente Total.
4. Incapacidad Permanente Absoluta.
5. Muerte.

- **Incapacidad Temporal.-** El asegurado tiene el derecho a un sustento económico en los porcentajes de la remuneración del trabajador por el lapso de un año por la incapacidad temporal que sufra producto de su trabajo.

  Si finalizado el plazo por incapacidad temporal y no estuviese en capacidad de continuar con sus labores el reglamento de riesgo de trabajo impone lo siguiente:

  "Pensión provisional del 80% en base al dictamen de la Comisión de Valuación de las Incapacidades de un año". (IESS, Reglamento General de Seguro de Riesgo de Trabajo).

En el transcurso de este tiempo con el afán de conocer el estado de salud del afiliado y de establecer el grado de incapacidad se realizan exámenes y pruebas médicas, de los resultado que se obtienen se determina la situación del trabajador y la pensión provisional que debe de recibir considerando que si la incapacidad es mayor se convierte en pensión definitiva.

- **Incapacidad permanente parcial.-** Una vez que termina el periodo de incapacidad temporal y se encontrare incapacidad parcial al asegurado el cuadro valorativo de las incapacidades y estudiado por la comisión de evaluación de incapacidades se determina el valor a cancelar al individuo y de igual manera que en la incapacidad temporal durante el tiempo de la incapacidad se realizan chequeos médicos para conocer el estado de salud.

- **Incapacidad Permanente Total.-** Se declarará incapacidad permanente total a causa de accidentes ocasionados en el lugar de trabajo.

El asegurado incapacitado tiene derecho a recibir 80% del promedio mensual de los sueldos o salarios del último año de aportación o del promedio mensual de los cinco años de mayor aportación si éste fuere superior según lo notifica la ley de estatutos del IESS.

- **Incapacidad Permanente Absoluta.-** se presenta una incapacidad permanente absoluta cuando por un accidente de trabajo el asegurado quede imposibilitado a ejercer su trabajo por inmovilidad de sus extremidades total o parcial, ceguera absoluta, traumas cerebrales, o lesiones orgánicas cardio respiratorias y/o digestivas.

La remuneración por incapacidad permanente absoluta es del 100% de remuneración referencial al pago de su salario, dejando obligatoriamente la cancelación mensual al monto expuesto.

- **De la muerte del asegurado.-** El IESS es la entidad autorizada a conceder las pensiones de viudez y orfandad, cuando el asegurado afiliado al Seguro de Riesgos del Trabajo hubiese adquirido un fondo mortuorio.

En el fondo mortuorio se tendrá en cuantía superior a la del riesgo general siempre y cuando hubiera tenido derecho.

REGLAMENTO PARA EL SISTEMA DE AUDTORÍA DE RIESGOS DE TRABAJO.

El reglamento se expidió bajo la resolución C.D 333 estableciendo normativas que rijan la ejecución del sistema de auditoria del riesgo de trabajo y verificando el cumplimiento de la normativa técnica y legal en materia de seguridad y salud laboral. (IESS, Reglamento para el Sistema de Auditoria de Riesgo de Trabajo, 2010).

En el régimen de seguridad social intervienen las empresas, empleadores y trabajadores.

Objetivos de la auditoria de riesgo de trabajo.

En el art. 2 del reglamento del sistema de auditoria hace mención a los objetivos de la auditoria de trabajo, y estos son:

1. Verificar el cumplimiento técnico legal en las empresas en aspectos de seguridad y salud en el trabajo.
2. Confirmar el diagnóstico del sistema de gestión de seguridad y salud en las empresa u organización, analizar los resultados aplicados realizar la comprobación de las actividades sujetas a cambios.
3. Verificar que la planificación del sistema de gestión de seguridad y salud en el trabajo de la empresa u organización se ajuste al diagnóstico, así como a la normativa técnico legal vigente;
4. Verificar la integración-implantación del sistema de gestión de seguridad y salud en el trabajo en el sistema general de gestión de la empresa u organización;

5. Verificar el sistema de comprobación y control interno de su sistema de gestión de seguridad y salud en el trabajo, en el que se incluirán empresas u organizaciones contratistas.

Es responsabilidad de la unidad provincial de riesgo de trabajo la clasificación de las empresas por niveles de riesgos, área en que se desempeñan así como por número de trabajadores para realizar la respectiva auditoria de riesgo de trabajo.

Las unidades provinciales de riesgos de trabajo son las encargadas de realizar las auditorias y para ello las unidades deben de contar con personal capacitado, profesionales con título de tercer o cuarto nivel con experiencias de 3 años en adelante y con certificaciones de aprobación en auditoría de riesgos de trabajo.

> "Además lo mencionado en el inciso 3 establece que las unidades deben estar en instalaciones y condiciones físicas acorde a los requerimientos mínimos, soporte de software, y transporte que puedan trasladar al personal encargado de las auditorias. (IESS, Reglamento para elL Sistema de Auditoria de Riesgo de Trabajo, 2010)".

Además las unidades de riesgos de trabajo también son responsables de entregar el reporte trimestral de las auditorías realizadas, así como el número de auditorías planificadas y las realizadas ante la Dirección General del Seguro de Riesgo de Trabajo.

Las empresas a ser auditadas deben de tener por lo menos 2 años de actividad, el plan de seguimiento a las empresas se las realizara bajo lo que establece la dirección de Seguro General del Riesgo de Trabajo. (IESS, PROGRAMA DE AUDITORIA, 2010).

Procedimiento de Auditoria de Riesgo de Trabajo.

Fuente: Auditoría Del Riesgo De Trabajo.

Capítulo II

DE LA AUDITORÍA DE RIESGO DE TRABAJO.

Art. 9 Las empresas u organizaciones deberá implementar un Sistema de Gestión de Seguridad y Salud en el Trabajo, el cual es evaluado por los auditores quienes tienen como responsabilidad obtener evidencias del cumplimiento de la normativa técnica legal al culminar la auditoria a las empresas. Aquellos requisitos técnicos auditados son:

- Gestión administrativa.
- Gestión técnica.
- Gestión del talento humano.
- Gestión de los procesos operativos básicos.

1. **GESTIÓN ADMINISTRATIVA:** La evaluación es documental y personal, teniendo los trabajadores que someterse a entrevistas por medio de una planificación por parte del auditor. El sistema de gestión modelo Ecuador, ha sido concebido bajo las herramientas técnica y operativa de la prevención de riesgos laborales.

   Además la gestión administrativa abarca la organización documental de la empresa cumpliendo con un reglamento interno de seguridad y salud en el trabajo actualizado y aprobado por el ministerio de relaciones laborales.

2. **GESTIÓN TÉCNICA:** "Considera a los grupos vulnerables mujeres trabajadores, en edades extremas, trabajadores con discapacidad, e hipersensibles y sobreexpuestos". (IESS, AUDITORIA DEL RIESGO DE TRABAJO., 2010).

   En el proceso de la gestión técnica se identifican las categorías de factores del riesgo ocupacional, se revisa diagramas, el registro de inventario de materias primas y productos terminados y los registros médicos.

   2.2 En la Evaluación se supervisa convenios que las empresas auditadas tenga en relación al medio ambiente.

2.4 Control operativo. Los controles se da al riesgo ocupacional que pueda existir en el puesto de trabajo y el orden que se establece son :

1. Etapa de planeación y/o diseño.
2. En la fuente;
3. En el medio de transmisión de factor de riesgo ocupacional;
4. En el receptor.

2.5 Vigilancia ambiental y de salud. Las empresas auditadas tienen como parte de su seguridad programas de vigilancia ambiental y de salud.

3. **GESTIÓN DE TALENTO HUMANO:** Previene comportamientos inadecuados del trabajador, actos y actitudes que perjudiquen el entorno del equipo humano. Incluye (gerentes, técnicos, trabajadores).

3.1 Selección de los trabajadores. En este eje central se definen factores de riesgos ocupacionales, profesiogramas para las actividades críticas y el déficit de competencia de un trabajador.
3.2 Información interna y externa. Se presentan diagnósticos de factores de riesgos los cuales sustentarán los programas de información interna y por la información externa se da en relación a los tiempos de emergencia, debidamente integrado e implantado. (IESS, Auditoria del riesgo de trabajo, 2010).
3.3 Capacitación.
3.4 Adiestramiento.

4. **GESTIÓN DE LOS PROCESOS OPERATIVOS BÁSICOS**

Los procesos operativos básicos son esenciales para programas de control técnico que comprenden:

a. **Investigación de accidentes:** El programa comprende especializarse en indagar las causas inmediatas de los accidentes, lesiones o pérdidas que sean causadas dentro del lugar de trabajo.

b. **Supervisión del estado de salud de los trabajadores:** Está relacionado con la vigilancia de la salud de los trabajadores, incluyendo a todos los que se encuentran vinculado a la empresa sean de corto o largo plazo de trabajo.

c. **Planes de emergencia ante peligros de accidentes:** El responsable de la seguridad y salud de los trabajadores en las empresas deben de contar con programas de control técnico de emergencia ejecutados bajo modelos que sean característicos a respaldar las actividades que pueden ser objeto de peligro, además de periódicamente ser revisados y mejorados coordinando acciones necesarias para brindar el servicio idóneo siendo en su condición necesaria la inclusión de servicios externos entendiéndose dentro de este concepto los bomberos, policía, entre otros.

d. **Plan de contingencia:** Implantación de medidas de seguridad y salud en el trabajo.

e. **Auditorías Internas:** Las auditorías se realizan dentro de las empresas como parámetro para brindar la seguridad ante riesgo de trabajo, incluye procedimientos, delegación de responsabilidades, procesos, actividades de auditoria.

f. **Inspección y supervisión de la seguridad y salud:** Programa de supervisión de la auditoria interna que comprenda objetos, alcances, responsabilidades, elementos de inspección, metodología y gestión documental.

g. **Implementación de protección al trabajador a través de equipos y ropa de trabajo:** Toda empresa para prevenir el riego de trabajo y por acatar el cumplimiento del reglamento de riesgo de trabajo objeto a ser auditado deben de establecer programas de equipos de protección individual e integrado definidos por medio de procedimientos que se precisen de forma documental en el que se registre el objeto, alcance, responsabilidades, registros y fichas de mantenimiento y revisión de los elementos de seguridad.

h. **Mantenimiento predictivo, preventivo y correctivo:** el debe estar registrado documentalmente registrando el objeto, alcance, responsabilidades, registros y fichas de mantenimiento y revisión de los elementos de seguridad.

PARTE II

LA LOGÍSTICA Y SU INFLUENCIA EN EL COMERCIO INTERNACIONAL

CAPÍTULO 6

FUNCIÓN OPERATIVA DE LA LOGÍSTICA

RESUMEN DEL CAPÍTULO

La operatividad de la función logística abarca todas las actividades necesarias para la obtención y administración de materias primas y componentes, así como el manejo de los productos terminados, su empaque y la distribución.

OBJETIVOS

- Conocer el origen de Logística, sus etapas de desarrollo y definiciones.
- Definir conceptos de las funciones operativas de la logística integral.
- Conocer la utilización de los procesos logísticos.
- Dominar los principios fundamentales que rigen el establecimiento de las Cadenas de Transporte Internacional de Mercaderías.

LOGÍSTICA

La real academia de lenguas define que la logística está ligada a métodos que gestionan la distribución de un producto de manera organizada.

Para Hirt, Adriaenséns, Flores y Ramos, creadores del libro Introducción a los Negocios en un Mundo Cambiante la logística es:

> "Una función operativa que comprende todas las actividades necesarias para la obtención y administración de materias primas y componentes, así como el manejo de productos terminados, su empaque y su distribución a los clientes". (Ferrell, 2013).

El término logística se precisa como el proceso de planear, controlar y administrar la cadena de abastecimiento y distribución, desde el proveedor hasta el cliente y con un enfoque en la red de colaboración entre los actores de la red logística interna y externa.

Respetando el criterio de Ferrel, Hirt, Adriaenséns se puede definir el término logística como el cerebro de la cadena de abastecimiento, desde la producción de la materia prima hasta la entrega y comercialización del producto, teniendo en cuenta 3 flujos importantes como son: Materiales (Inventario), Información (Trazabilidad), Capital de trabajo (Costos).

Origen

La **Logística** tiene su origen desarrollándose en el campo militar, vinculado a la esfera de la adquisición, conservación y suministro de los recursos necesarios para las acciones militares. En ese entonces se definía que Logística era una rama de la ciencia militar que trataba la adquisición, suministro y mantenimiento del equipo militar, así como el movimiento del personal, servicios de soporte y del resto de los asuntos inmerso a ellos.

Existen varias referencias ancestrales de la logística pero la más antigua se registra entre los años 2900 y el 2800 a.C.

Inicialmente en los años 50 al referirse al termino logística se lo vinculaba con el tiempo en el que se adquiría un producto y el costo que se cancelaba por el bien, este pensamiento no estaba alejado de la realidad ya que en la actualidad el tiempo y costos son variables que se miden a la hora de realizar un proceso logístico.

Entre los años 1956 hasta el año 1965 se dio la conceptualización del término logística, significa que en este periodo se consideraba y se evaluaba mucho los costos que acarreaba una operación logística ya que los comerciantes buscaban costo logísticos mínimos.

En 1966 surgió el término distribución física, y los aspectos a considerar para la manipulación y administración.

> **DISTRIBUCIÓN FÍSICA:** La distribución física da origen a la logística de distribución física a lo que comúnmente llamamos "LOGISTICA" esto significa poner el producto en el lugar requerido, en el momento exacto en que se necesita, a un costo razonable.

Años más tarde se fomentaba la producción y el uso del transporte para la entrega y recepción de los productos ya que se contaba con procesos logísticos que mejoraban la distribución de las mercancías en tiempos oportunos.

Caracterización y Generalidades

La Logística, en la actualidad es considerada una actividad interdisciplinaria que une en conjunto a las diferentes áreas de una institución o compañías en su operación, desde el inicio de un programa para las compras hasta el servicio de ventas y entrega al cliente, considerando el aprovisionamiento de los materiales necesarios o de la materia prima, esto a su vez se sobreentiende como la planificación y gestión de la producción, el almacenamiento, manipulación stock y gestión de almacenamiento, empaque y embalaje de mercancías, transporte, distribución física y flujos de información.

El proceso de logística engloba la correcta distribución física, coordinación en el tiempo de llegada del producto, satisfacción del cliente, y la entrega.

Además la logística aborda el estudio del flujo material y el flujo informativo, proyectándose hacia un estudio integrado de funciones básicas en las que se encuentran la gestión de aprovisionamientos, gestión de producción y la gestión de distribución física.

Es por ello que su importancia está dada por la necesidad de potenciar un proceso y mejorar el servicio al cliente, optimizando el mercado y reduciendo costos y tiempos de operación.

Propósitos De La Logística

- Asegurar la disponibilidad del producto o servicio.
- Condiciones adecuadas en la distribución de la mercancía.
- Llegada del producto en el momento preciso.
- Adecuación de uso.
- Expectativas positivas del cliente.
- costos competitivo.

Objetivo

El objetivo radica en generar mayor utilidad económica derivado de la disminución de costos y recursos humanos obtenido de la reducción de costos a través de la utilización de procesos sustanciales que generen eficacia y rapidez en las operaciones de conlleven a la gestión de preparación y entrega de un producto además del incremento de ventas por medio de la captación de los clientes.

Objetivos sustanciales

- Buscar en costos menores factores claves de procesos.
- Satisfacer oportunamente las exigencias de cliente.
- Contar con una ventaja de competencia por medio del buen uso de logística.

Alcance de la Logística

Abarca a toda la organización, desde la gestión de materias primas hasta la entrega del producto terminado.

La misión de la gestión logística consiste en planificar y coordinar todas las actividades necesarias para conseguir los niveles deseados de servicio y calidad al menor costo posible.

La logística es un componente de valor agregado, que enlaza las necesidades del mercado y la actividad operativa de la entidad.

La logística es una gestión integrada de la cadena de sumisnistros que incluye a los proveedores, operadores y clientes de acuerdo a lo mencionado por (GARCIA, 2008).

Principales puntos de la logística.

1. CALIDAD

El concepto de Calidad implica la satisfacción en las necesidades del cliente y para ello se debe lograr que las actividades que conforman el área de producción o servicio se realicen de tal modo que disminuyan considerablemente el margen de error.

2. JUSTO A TIEMPO

Disponer de lo que se necesita en la cantidad y en el momento requerido, es otra de las cuestiones en que más se insiste en la actualidad.

Esto reduce considerablemente los costos, principalmente, el costo de inventario siendo uno de los factores que pesan sobre la economía de las organizaciones.

3. COSTOS MÍNIMOS

A medida que la competencia aumenta y los precios oscilan en rangos estables, las vías que las organizaciones utilizan para aumentar sus márgenes de ganancia están en el empleo de materias primas, procesos de producción y canales de distribución que implique un Costo Mínimo.

LA LOGÍSTICA EN EL AREA DE NEGOCIOS

Logística empresarial.

La logística en los negocios aún no está del todo clara puesto que los profesionales tienen una idea no tan acertada de ella, se refieren a actividades que involucren el despacho, carga y envío de productos.

Luis Aníbal Mora indica lo siguiente.

> "Las áreas como compras, programación de producción, manufactura y distribución tiene que satisfacer las necesidades productivas e ingresada a nuestro sistema". (GARCIA L. A., 2008).

Esto nos indica que parte del trabajo de una empresa no es solo vender lo que produce, además como política debe estar el cumplir con las necesidades de sus clientes mediante una estructura organizada que apunte a la fabricación, continúe por la orden de pedido y termine cuando se factura la venta por el bien adquirido por parte del cliente.

Según Ballou en su libro Administración de la cadena de suministro define que:

> "La logística de los negocios es un campo relativamente nuevo del estudio integrado de la gerencia, si lo comparamos con los tradicionales campos de las finanzas, marketing y la producción". (BALLOU, 2004).

Los individuos han llevado a cabo procesos de logística desde tiempo atrás, siendo parte esencial en los diferentes campos de negocios debido a que es manejada profesionalmente por las empresas, manejando acciones como el almacenamiento y transporte del inventario permitiendo coordinar actividades para maniobrar eficientemente productos para las ventas y satisfaciendo las necesidades de los clientes.

Antiguamente no existía un proceso que se lleve a cabo en la distribución de los productos por lo que tiempo después se implementó la logística a raíz de la revolución industrial.

La logística es parte de la cadena de suministro que plantea llevar a cabo controlar el flujo y almacenamiento de bienes y servicios; así como todo lo relacionado con el punto de origen hasta el punto de consumo con la finalidad de satisfacer las exigencias del cliente ayudando al productor a conocer y determinar la situación o estado en el que se encuentra la mercadería facilitando de esta manera los parámetros o directrices con la que debe ser manejada.

Los materiales y la información surgen en forma ascendente y descendente en esta cadena. Además se integran en el manejo de la cadena actividades que mejoren las relaciones de la cadena de suministro para alcanzar ventajas competitivas sustentables.

LA INTEGRACIÓN LOGÍSTICA DENTRO DE LAS EMPRESAS

La logistica aplicada a las empresas surge en el año 1942 cuando se planifica y se realiza la contrucción de buques cargueros de la Armada norteamericana en Estados Unidos.

La incidencia radicaba en el tiempo que tardaba desde el proceso de diseño y la puesta en marcha de los buques.

El lograr restar tiempo en la construcción dio paso a buscar medidas dinámicas que dieran como resultado una coordinacion en las actividades a realizarse, para ello se descubrio que el aprovisionamiento y la planificación de las acciones a realizarse seria bajo una responsabilidad unica, acarreando aspectos positivos ya que se evidencio un flujo de aprovisionamiento sincronizado.

Con el paso del tiempo y de acuerdo a factores de competitividad en las empresas surge la logística integral apoderandose del mundo cambiante debido a varias causas de integracion logistica (Veritas B., Logstica Integra 2da Edición.).

Causas que generan la Logística Integral

- **Coste del stock.**

- **Dinamismo y complejidad de la demanda.**

Los factores que inciden en la demanda son la flexibilidad, la agilidad y el dinamismo, siendo un tendencia que requiere de técnicas de prevención y capacidad de respuesta rápida ya que los mercados presentan mayor capacidad para ofertar que para demandar.

- **Capacidad de producir en los departamentos.**

El interés propio de cada departamento dentro de una empresa que busca un mismo fin es un problema a la hora de presentar un producto o servicio de calidad, generando un desinteres por parte de los consumidores.

El nuevo auge económico que viene de la mano con la globalización en las industria y los distintos tipos de las leyes que practican los paises, producen cambios en los principios logisticos, además de los cambios estructurales y tecnológicos como sistemas de reducción de tiempo y costes asi como la reestructuración de las organizaciones convirtiendose en factores influyentes en la logística integral.

La capacidad de respuesta por parte de las empresas a estos factores obstaculizan de alguna manera la internacionalización de las empresas sin dejar de un lado el estudio de cultura.

Un criterio general sobre la logística integral es el que expresa Ronald Ballou, indica lo siguiente:

> "La Logística empresarial incluye todas las actividades relacionadas con el traslado y el almacenamiento de productos

que tiene lugar entre los puntos de adquisición y los puntos de consumo". (Ballou, 2004).

El enfoque elaborado por el Instute of Logistic and Distribution Management y el Centro de Estudios Logísticos establece el alcance de esta actividad en dos grandes funciones de la organización:

- La Gestión de Materiales, es la encargada de los flujos materiales en el aprovisionamiento de materias primas y componentes y en las operaciones de fabricación hasta el envase de los productos terminados.

- La Gestión de Distribución, que es la encargada del control de inventarios de los productos terminados, pasando por los procesos de almacenamiento y transporte, hasta la entrega del producto o servicio al cliente.

Bajo este mismo estudio se afirma, que una de las funciones de la logística es que abarca la gestión de procesos, de adquisición y ajusta el servicio externo de aprovisionamiento desde la contratación de los proveedores hasta que inicia el proceso de fabricación.

Prototipos Internos Empresariales

- Incierta demanda real.
- La captación de demanda se comparte con los proveedores.
- La debilidad en el compartimiento de información de rentabilidad es una fortaleza para mis proveedores.
- El requerimiento de información solo se alcanza por medio de sistemas valerosos.
- El primer paso genera grandes beneficios independiente de la información recaudada por los sistemas.

Paradigmas Externos

- El proveedor es el que se beneficia en mayor porcentaje.
- Los beneficios del proveedor se convierten en beneficios propios de una cadena de suministro.

- Las base en las reducciones de costos genuinas se originan por el uso de información.
- Los lanzamientos y promociones acarrean situaciones críticas.
- *"Forzar el ingreso de bienes al mercado solamente significa aumentar el costo logístico por retorno y acceso de inventario"* según lo detallado por (GARCIA L. M., PARADIGMAS INTERNOS EMPRESARIAL, 2008).

El grado de información y comunicación existente dentro del equipo que conforma la cadena de producción en una organización permite la integración logística plasmada en la coordinación de estrategias.

Una vez plasmado y estandarizada la integración logística, esto permitirá dentro de una organización centralizar la gestión de logística integral.

El CLIENTE Y LA TRANSICIÓN.

Antiguamente en el mercado existían productos y servicios que eran puestos a disposición del cliente para ser consumidos sin ningún tipo de exigencias por parte del consumidor y se restaba importancia al grado de servicio que se ofrecía.

Actualmente los productos o servicios son puestos en el mercado de acuerdo a los que manda y exige el cliente es decir, es el cliente quien indica características de lo que desean adquirir y el mercado está en la obligación de cumplir con las necesidades y exigencias.

DESAFÍOS DE LAS EMPRESAS DENTRO DEL ENTORNO LOGÍSTICO.

Los desafíos que hoy en día se presentan en las empresas están dado en base al entorno competitivo, medidos en indicadores de calidad, precio, variedad, servicio, personalización e innovación continua del producto o servicio que ofrecen, para de esta manera cumplir con las exigencias del cliente.

La globalización pone a todo tipo de empresas de cualquier área a implementar y afrontar retos nunca antes vistos pero necesarios para estar a la par de empresas con mayor competitividad y de mayor auge económico es por eso que dentro del entorno en el que se desenvuelven las empresas de logísticas afrontan tres desafíos y son:

- El servicio que se ofrece al cliente.
- La internacionalización.
- El tiempo de entrega del servicio/producto.

Mando y Estrategias de Logística Integral

Los procesos logísticos deben ser realizados por medio de estrategias que den respuestas dinámicas del servicio que se ofrecen para posteriormente encontrar la satisfacción del cliente, reducción de costos en el proceso de almacenaje y la eficiencia en las operaciones.

La responsabilidad de las estrategias que se empleen en los procesos logísticos está al mando de la dirección de la organización, y son quienes tienen el compromiso de adecuar tácticas que integren a toda la cadena logística que va desde los proveedores hasta el cliente final.

Puntos claves en el desarrollo de estrategias logísticas.

1. Cumplir la necesidad del cliente.
2. Diseño de una cadena de integración estructural.
3. En el área operativa se debe aplicar estrategias de almacenamiento, distribución, transporte.
4. Implementar estrategias de sistema de información, normas y políticas con los respectivos procedimientos, adecuación de infraestructura y un sistema de gestión dentro de la organización.

LOGÍSTICA INTEGRAL PARTE DE LA CADENA DE SUMINISTRO.

La logística integral se ha convertido parte esencial de la cadena de suministro debido a que se compone de varios elementos.

El Almacenaje, flujo de bienes y servicios, son parte de esos elementos los cuales ayudan a coordinar información para realizar y ejecutar el correcto servicio o producto desde el punto de origen hasta el consumo cumpliendo con las exigencias y necesidades del cliente. (Management).

Estos elementos son válidos convirtiéndose en eficientes y efectivos si son cumplidos de forma planificada y controlados.

La cadena de suministro es una red de organizaciones que se complementan para llevar al mercado un producto o servicio con valor agregado.

Ciclo de la cadena de Suministro.

Fuente: Logística Integral.

Hablar de cadena de suministro es hablar de procesos debido a la unión de empresas entre producción, distribución y comercialización que se requieren para obtener un producto final en el que sus principales actores son el personal que lo ejecuta, la implementación de tecnología e incluso la infraestructura ya que a través de estos factores se obtiene la presentación final del producto o servicio.

El proceso inicia con los proveedores, reafirmando con una red de empresas procesadoras hasta que llegue el producto al consumidor final. Dentro de la cadena de suministró existen 2 flujos; el flujo de materiales y flujo de información.
.

En la gestión de la cadena de suministro se realizan actividades entre empresas que forman parte del proceso logístico, buscando reducir costes al mismo tiempo que se satisfaces las exigencias del cliente, para que exista la correcta cadena de suministro no solo se necesita del ciclo de la cadena que se mencionó en párrafos anteriores debido a que existen actividades interconectadas como la gestión de recursos, tecnología e infraestructura, la correcta administración de las partes que intervienen y el mantenimiento continuo de los factores de producción y comercialización.

Planeación estratégica táctica y operativa en la logística

Para alcanzar uno de los objetivos de la logística vinculada a la tasa de retorno de inversión se consigue por medio de una planificación estratégica que se utiliza para formular, implantar y evaluar decisiones internacionales para lo cual puede cubrir los siguientes niveles:

Planeación estratégica

Se determinan los siguientes datos:

- Número de fábricas y almacenes requeridos.
- Localización de fábricas de planificación.
- Nivel tecnológico.
- Posicionamiento de los inventarios.
- Niveles de producción de fábricas.

Planeación Táctica

Tiene como fin realizar diferentes procesos de manera continua, orientados hacia el futuro y va de la mano al hecho de prever una acción o acto que afecte a la función administrativa.

Entre las tácticas comunes de una compañía están:

- Elección del modo de transporte en las distintas etapas del sistema logístico.
- Contar con políticas de rotación en inventario.
- Definir objetivo de funcionamiento y rutas de producto en el proceso logístico.

Planeación Operativa

En esta etapa se enfoca en las operaciones que se realicen dentro de la logística, orientadas a la suma de resultados positivos y óptimos.

- Programación de aprovisionamiento.
- Centros de distribución logísticos.

VALORACIÓN Y TESTIFICACIÓN DE PROVEEDORES.

Con la finalidad de agilizar los procesos dentro de la cadena de abastecimiento, para que su resultado sea más eficiente para cada una de las partes.

Toda la empresa debe estar muy apegada a la estrategia general que mantiene pero si hablamos de un área en especial que debe mantener sumo apegó al área de ventas como la estrategia general. Ya el poder determinar las necesidades del consumidor o comprador y tener bien detectadas las áreas donde es común que surjan problemas se realiza la valoración y testificación de proveedores.

El **objetivo de la valoración** es contar con la obtención media del portafolio de proveedores actuales y encontrar las fortalezas, oportunidades, amenazas y debilidades de cada uno de los proveedores competitivos.

Testificación de proveedores

Por medio de la organización y gerencia del proveedor también se puede evaluar el desempeño y la función general de la empresa por medio de la organización y gerencia del proveedor. Se destaca la responsabilidad de la gerencia en el proceso de compra venta; la solidez; capacitación y el correcto uso de los bienes utilizado en el proceso de producción, la moral, ética y estatus del proveedor y por último la formalidad en el compromiso de satisfacción de clientes.

Objetivos

- Convertir a los proveedores menos competitivos en proveedores estratégicos de alta calificación.
- Obtener las media del portafolio de proveedores actuales.
- Conocer las fortalezas y debilidades de cada uno de los proveedores.
- Mejorar el suministro de la compañía.
- Creará un ambiente mejorado en el ámbito laboral.
- Disminuir los niveles de agotados.
- Aumentar el nivel de servicio.
- Certificar los procesos y desempeño de los proveedores.

Además se debe tomar en consideración alguna de las principales variables para obtener una completa evaluación de los proveedores tales como:

1. Sistema de calidad

Para tener un adecuado sistema de calidad debemos poseer un proceso ya establecido de buenas prácticas, estrategias que aseguren el correcto manejo de la calidad y contar con inducciones, capacitaciones en los proceso.

2. Fabricación

Se requiere de un ambiente de trabajo apropiado, planificación en la producción a realizarse, contar con programas de mantenimiento maquinarias, e indicadores de productividad.

3. Medio ambiente

Toda empresa debe cumplir con la responsabilidad social y satisfacción del medio ambiente por medio del cumplimiento del correcto manejo de normas ambientales, y el control en emisiones de gases contaminantes.

4. Aspectos Comerciales

Un factor que prevalece en el aspecto comercial es la competitividad, que sólo se logra por medio de una correcta investigación de mercado, el precio adecuado, evaluar al cliente del nivel de servicio que requiere y el desarrollo de nuevos proyectos.

5. Presencia Logística

El correcto uso de la distribución física se da porque se convierte en una poderosa fuente de ventaja competitiva que abarca la entrega adecuada de mercancías, correcta atención a los reclamos, conocimiento de política interna entre el negociador y negociante, uso correcto de los documentos, y la capacidad para la adecuada atención.

6. Abastecimiento Continuo - Just in Time

La elaboración de estrategias competitivas, supone definir aquellas variables en que se quiere ser superior a la competencia y que hacen que los clientes compren nuestros productos y no los de la competencia. Esas variables son:

- **Costo.** Es la inversión en equipos e implementos que garanticen una producción exitosa dentro del mercado.
- **Cantidad**. Es la marca calidad que se logra por medio del diseño y la fabricación sin imperfecciones.
- **Servicio.** Es el compromiso de llevar el producto a la fecha requerida y en el tiempo dado por el consumidor o proveedores.

OUTSOURCING LOGÍSTICO

SUBCONTRATACIÓN

Es una técnica empresarial que se realiza para la optimización de operaciones logísticas, en las empresas que tienen el interés de utilizar necesariamente esta herramienta contratan a otra empresa para que lleven a cabo una actividad designada que anteriormente se encontraba al mando de la primera empresa.

La subcontratación son actividades que realiza el fabricante dentro de su empresa y le es asignada a un tercero con la preparación para alcanzar niveles de servicio y precios competitivos. (Veritas B., Outsourcing y Contratacion de Actividades).

La gestión logística puede ser:

- Gestión de Logística Interna: Se realiza con los operadores logísticos internos dentro de la organización.
- Gestión de Logística Externa: se aplica la subcontratación con el fin de realizar objetivos específicos y concretos necesarios para el cumplimiento de una parte de la operación logística.

Razones de la Gestión Logística Interna.

La logística es un tema que conlleva a estudiar varios aspectos, englobando las operaciones de transporte, recepción de materia prima, control de calidad, Gestión de Stocks, entre otros conceptos.

Es por ello, que lo que buscan las empresas logísticas a través de la subcontratación es el ingreso a un mercado con demanda flexible, reducción de riesgos con el inversor, incremento de la productividad y el acceso a la tecnología y servicios de alto nivel.

Evolución de la Tercerización.

El Outsourcing nació de la necesidad de mejorar los procesos logísticos de una empresa buscando la ayuda externa de una tercera empresa, para que realice una parte de la función logística en sus diferentes modalidades.

La razón principal, por la que surge la evolución de la tercerización es porque muchas empresas buscan operadores logísticos especializados y que al mismo tiempo signifique para la empresa reducción de gastos económicos y la liberación de activos fijos convirtiéndose en el objetivo principal de la subcontratación.

Entre otras razones se encuentra:

- Apertura a un servicio de calidad.
- Captación del cliente.

- Beneficios del consumidor.

Alcance de la tercerización

El alcance se subdivide en 3 áreas y son:

✓ **Previo al Movimiento.**

En esta área se realiza la respectiva Planeación del suministro, distribución; Selección de almacenes, transporte; el Aprovisionamiento y la Consecución de transporte.

✓ **Durante el Movimiento.**

Seguimiento, Procesos intermedio, Almacenamiento, Control de almacenes.

✓ **Después del Movimiento.**

Auditoría; Evaluación de proveedores, de transportadores y control de pagos.

Ventajas de la subcontratación

- Evitar riesgo e inversiones altas.
- Aumento de la productividad continuamente.
- Amplia red de servicios logísticos.
- Ambiente laboral fluido para satisfacer la principal actividad del negocio.

Factores de riesgos en la subcontratación logística.

La decisión de acogerse al régimen de subcontratación acarrea riesgos que afectan en la decisión de establecer un sistema de selección del operador, ya que se ve vinculado a la necesidad de la empresa.

Un riesgo de la subcontratación son los errores operativos que se puedan vincular al desarrollo y gestión de las operaciones, entre esos riesgos encontramos los internos que tienen que ver con el abastecimiento de pedidos y los riesgos internos los cuales se desarrollan por las eventualidades que se pueden presentar como robos, incendios por medio de sistemas logístico subcontratados.

Por último el riesgo entre las partes; este radica en las relaciones laborales que puedan verse afectadas por alguna clausula en la que no se encuentren de acuerdo y por consiguiente afecta la subcontratación con el fracaso o ruptura del proyecto.

Tipos de subcontratación logística.

- Subcontratación táctica: son contratos a corto plazo, que se realizan de manera transitoria siendo no tan duradero estableciéndose límites de tiempo para la finalización de la subcontratación.
- Subcontratación estratégica: se basa en la continuidad de un contrato entre empresas, generalmente son relaciones de asociación donde se da la colaboración entre las empresas mutuamente.

Modalidades del outsourcing.

- **Outsourcing de procesos de negocio.**

Es la externalización de una parte de las actividades que realiza la organización a un proveedor especializado, sustentado en un contrato de largo plazo. Significando un cambio de prototipo en los clientes debido a la calidad del servicio que se brinda.

- **Outsourcing de infraestructuras tecnológicas.**

Cubre necesidades de análisis, tecnología e informática a partir de dos grandes áreas de gestión de redes y sistemas y atención a usuarios. (Garcia, Gestion Logistica Integral, 2008).

- **Outsourcing de aplicaciones.**

EL Outsourcing de aplicaciones constituye a la externalización de servicios. Tendiendo hacia una progresiva externalización del mantenimiento y desarrollo de aplicativos de menor impacto sobre el negocio y de las tareas básicas que conforman el día a día.

- **Outsourcing integral.**

El outsourcing integral es la cesión de las actividades y responsabilidad de ejecutar la gestión y evolución de la globalidad del servicio informático al outsourcer (proveedor).

Operadores Logísticos.

Los Operadores Logísticos son aquellos que realizan la planificación de los procesos y la puesta en marcha de los flujos y almacenamientos internos a realizarse desde el punto de origen hasta el consumo del servicio o producto. (Veritas B.)

Los operadores logísticos se caracterizan por contar con el dinamismo cambiante del mercado, la operación de un operador logístico posibilita un estudio anticipado de lo que se debe hacer y porque en materia netamente logística.

Las funciones son crear sistemas necesarios que ayuden a cumplir las exigencias y necesidades del cliente y realizar la mejora continua de los procesos de gestión de recursos.

Entre las actividades que realizan los operadores logísticos son operaciones de transporte, almacenamiento y preparación de pedido.

Además por la capacidad de ejercer actividades los operadores logísticos pueden verse inmerso en otros sistemas o funciones que formen parte de la cadena de proveedor-cliente, tales como facturación y recaudo. (Garcia, Gestion Logistica Integral, 2008).

Los Proveedores en la Logística.

El proveedor en la cadena de logística es parte esencial para el logro de desarrollo de las actividades, promoviendo una relación cordial que afiance la relación proveedor- empresa.

Así como las empresas al inicio de sus formaciones determinan una misión y visión es necesario que los proveedores se pongan metas por medio de fines que les brinde acceso de adecuado manejo en el trabajo.

Para la correcta elección del proveedor se debe analizar las necesidades que se requieren satisfacer y tomando en cuenta varios factores.

- Facilidad en entrega de productos solicitados por parte del proveedor.
- Estabilidad financiera.
- Marcas y reconocimiento del producto que ofrece.
- Credibilidad en el mercado.
- Buen uso de información.
- Tecnología aplicada para el procesamiento de pedidos.
- Flexibilidad en el manejo de inventarios.
- Garantías.

IDENTIFICACIÓN DE PROVEEDORES.

Debemos saber identificar cuáles son los proveedores potenciales para poder hacer uso de ellos en el momento indicado, para el buen proceder de la empresa ya que también debemos escoger a los proveedores más competitivos para por medio de ellos ganar terreno dentro del campo de la empresa y, una vez seleccionados los proveedores correctos podremos hacer el seguimiento necesario y la evaluación del procedimiento interno de la empresa y empezar a tomar decisiones de indicadores de gestión.

Clases de proveedores en logística

1. **2PL (Two Party Logistics.)**

Es un proveedor que presta servicios independientes y ocasionales, se enfoca exclusivamente a una sola actividad. (Garcia, 2PL, 2008).

Esta clase de proveedor por lo general se encarga de trámites específicos como solicitudes, o trámites aduaneros. Las empresas contratan este tipo de proveedores con el objetivo de no realizar inversiones innecesarias y la disminución de costos.

2. 3PL (Third Party Logistics)

Es un operador logístico que realiza todas o una porción de las actividades logísticas bajo un contrato o tarifa, de manera que permita y mejore el cumplimiento de metas y objetivos definidos. (Mora, 3PL, 2008).

Los servicios prestados por el 3PL suelen ser operativos, administrativos o mixtos, estos servicios abarcan actividades de gestión, control en la evolución de los procesos logísticos y variable de modelos de servicio.

Los proveedores de 3PL pueden ser tendencias de:

- Almacenadoras.
- Compras.
- Consultoría.
- Sistemas de información.
- Consolidación.
- Sistemas de rastreo de vehículos.
- Sistemas de información sin documentos.

3. 4PL (Fourth Party Logistics).

Ejerce la actividad de planeación y coordinación del flujo de información desde proveedores hasta clientes. (Garcia, 4PL, 2008).

El 4PL básicamente realiza cero procesos logísticos físicos, encargándose de integrar procesos arquitectónicos y sistemas de información globales combinando la experiencia personal con la de proveedores complementarios compartiendo los riesgos y beneficios mutuos redistribuyendo al intercambio de conocimientos e información.

Un principio para contribuir a la competitividad de las empresas es elegir de manera correcta a los operadores logísticos y de esa manera potenciar el valor agregado a los productos con una inversión mínima.

Sucesos a tomar en cuenta para la elección de un operador logístico.

- **La selección.**

Comprobar puntos fuertes del negocio, Analizar la administración estratégica, definir la tecnología de información, vínculo laboral y compatibilidad personal.

- **Desarrollo de un contrato.**

Definir cláusulas de responsabilidad, beneficios y derechos de las partes que intervienen, establecer las expectativas esperadas y soluciones a posibles conflictos.

- **Definir política y alcance claros.**

Elaborar un manual de operaciones entre las partes que intervienen entiéndase (empresa-proveedor) en el que se defina políticas de control, alcance, procedimientos e información necesaria para la ejecución de las actividades eficientes.

- **Principios de comunicación.**

Debe existir comunicación efectiva y directa.

- **Medir el desempeño y comunicar los resultados.**

Esto quiere decir que en un periodo de tiempo prudente debe existir una evaluación a través de indicadores.

- **Recompensa por el correcto desenvolvimiento de los proveedores.**

El 4PL es considerado un nuevo avance en el entorno del negocio actual, siendo parte integral de la cadena de suministro, el 4pl ejecuta soluciones globales y un valor mensurable sobre la cadena de abastecimiento, combinando conocimientos de los 3PL, proveedores de servicio y gestores de procesos de negocio.

Niveles de trabajo de 4PL en la cadena de abastecimiento.

1. **Invención: coordinar la planificación de soluciones en la cadena de abastecimiento, en conjunto con la participación de los integrantes.**

2. **Transformación:** Unión de las ventas, la planificación de operaciones y la gestión de distribución como funciones específicas.

3. **Implantación:** reestructuración y reingeniería del proceso de negocio.

4. **Ejecución:** puesta en marcha del 4PL en la organización consiguiendo beneficios de reducción de costos operativos.

CAPÍTULO 7

DOCUMENTOS UTILIZADOS EN LA CADENA LOGÍSTICA INTERNACIONAL

RESUMEN DEL CAPÍTULO

Los costes que originan la documentación relativa a toda la logística de una transacción internacional son una parte importante del costo final del producto. Si estos documentos contienen errores, el coste se incrementa considerablemente.

Errores frecuentes como las diferencias en cuanto a la descripción de la mercancía, casillas incompletas en las declaraciones de aduanas, ausencia de instrucciones para disponer de la mercancía una vez que ha llegado a puerto, etc., provocan retrasos y pérdidas económicas.

OBJETIVOS

- Conocer los documentos utilizados en una negociación internacional.
- Definir en que consiste la declaración aduanera y los plazos para presentarla.
- Analizar los diferentes medios de pago utilizados en el Comercio Internacional.

EL CONTRATO DE COMPRAVENTA INTERNACIONAL

Para definir la comercialización internacional se instauran mecanismos de negociación a más de definir el producto a ser objeto de un proceso de compra venta.

> "El contrato de compraventa internacional es un documento que facilita la transacción internacional, determinando los derechos y obligaciones del importador y exportador". (furnari, 2013).

El Contrato de Compraventa Internacional es el documento en el que las entidades se ven obligadas a formalizar con la contraparte, regulando las obligaciones del vendedor y comprador además se establecen derechos y obligaciones de los involucrados.

Es conveniente que el contrato incluya un conjunto específico de materias, se lo considera como el factor central de toda transacción comercial, constituyéndose en el punto de partida del comercio internacional e instrumento jurídico de la actividad económica mundial.

De igual manera se constituye como el acuerdo de voluntades con fines lucrativos y que tiene como base el intercambio de mercancías lícitas(es decir, bajo controles aduaneros), entre partes cuyos centros operativos se encuentran en países distintos.

Procedimiento de Ejecución del Contrato de Compra Venta Internacional

La ejecución de los contratos de Compraventa Internacional puede dar lugar a controversias entre los contratantes, originadas en el incumplimiento de las obligaciones o la extralimitación en el ejercicio de los derechos de las partes. La solución de los problemas jurídicos suscitados en estas diferencias puede solicitarse ante tribunales judiciales o ante un Tribunal de Arbitramento.

La figura del arbitraje, es parte relevante que va dirigido hacia un mecanismo alternativo de solución de conflictos, en el que las partes bajo acuerdo acuden de forma voluntaria, siendo un proceso jurisdiccional especial, encomendado transitoriamente a particulares, al que se llega por acuerdo previo de las partes o en el momento en que surja la controversia, quienes decidirán si la solución se hace en derecho o en equidad.

Características del contrato.

Un Contrato de Compraventa Internacional es de carácter oneroso, se ampara bajo acuerdos emanados por derechos y obligaciones de las partes que intervienen y de carácter conmutativo.

Las partes del Contrato de Compraventa Internacional son:

- Comprador.
- Vendedor.

Además identifica a las mercancías que se incluyen en el contrato pudiendo ser bienes muebles como inmuebles (según su clasificación jurídica nacional).

Se pacta la forma de pago, el traslado de la mercancía, la descripción de la carga entre otros puntos.

Marco Regulador Del Contrato De Compraventa.

- Leyes Nacionales.
- Usos y Costumbres.
- Convenciones Internacionales: Convención de Viena de 1980 sobre Contratos de compraventa Internacional de mercaderías.

Aspectos que incluyen el contrato de compraventa internacional:

1. Nombre del vendedor y domicilio legal.
2. Nombre del comprador y domicilio legal.
3. Lugar y fecha de celebración del contrato.
4. Número del contrato del comprador.
5. Características de la carga.

✓ Cantidad de unidades, Volumen o peso, Especificaciones (descripción, dimensiones, entre otros), Precio, Importe.

6. Término de Compraventa acordado (INCOTERMS 2010).
7. Puerto/Aeropuerto de embarque.
8. Puerto/Aeropuerto de destino.
9. Fecha de entrega.
10. Forma de pago.
11. Valor total del contrato.
12. Envase y embalaje.
13. Marcas y lista de empaque.
14. Precios.
15. Explicación de la condición y forma de pago.
16. Arbitraje.
17. Fuerza Mayor.

De La Mercadería.

a) Descripción cuantitativa y cualitativa de la mercadería indicando su composición y características específicas.
b) Numero de carga, unidades de medidas.
c) Tipos de embalajes utilizados con sus respectivas características y forma de manejo.
d) Certificaciones del producto.
e) Tipo de manipulación de la mercancía.
f) Garantías.

Puntos a considerar en el Contrato de Compraventa.

a) Bajo el acuerdo del contrato de compraventa es importante pactar el precio del producto siendo descrito en número y letras así como determinar el Incortems a utilizar.
b) Se describe el nombre de la entidad de transporte que realizara el proceso de transportación, el medio de transporte a utilizar, los puertos de salida y llegada y la modalidad de transporte.
c) Se establece el alcance del seguro.
d) Embarques parciales y totales.
e) Modalidad y forma de pago.

1. TÉRMINOS DE NEGOCIACIÓN.

Los Incoterms denominado cláusulas de precio son términos de negociación amparados por la Cámara Internacional de Comercio (ICC), se aplican únicamente en las compraventas internacionales de mercancías, excluyendo negociaciones de servicios.

> "Los Incoterms son sinónimos de proceso de negociación de aplicación voluntaria, define las obligaciones, responsabilidades y derechos del comprador y vendedor, tiene alcance en los costos y riesgos en la entrega de la mercadería amparados y firmados bajo el Contrato de Compraventa Internacional" (PROECUADOR, PROECUADOR, 2010).

Los Incoterms incluyen las obligaciones mínimas tanto para el comprador como para el vendedor, indicando el límite de responsabilidad de las partes que intervienen, indica desde y hasta donde se genera la responsabilidad en la compra internacional realizada.

Los Incoterms facilitan el comercio en los siguientes aspectos:

- Pactan el lugar y situación de entrega de la mercadería.
- Riesgos compartidos en la operación comercial entre comprador y vendedor.
- Coordina la distribución de los costos de operación.
- Responsabilidades en los trámites documentarios.

Determinación de los incoterms

- Lugar de entrega de la mercancía.
- La transferencia de riesgo de la mercancía, de donde a donde.
- Documentos a tramitar.
- Gastos de transporte y seguro.
- Determina quien contrata el seguro.

Finalmente los Incoterms determinan el punto exacto de la transferencia del riesgo, daño y la responsabilidad de entrega de la mercancía entre el vendedor y comprador dentro de la transacción internacional. La cámara de comercio internacional ha llevado a cabo 8 revisiones para la adecuación y mejor interpretación de los términos comerciales:

1936: Primera versión
1953
3. 1967
4. 1976
5. 1980
1990
7. 2000
8. 2010 (entro en vigor el 01/Ene/2011)

VERSIONES DE LOS INCOTERMS

Fuente: Cámara De Comercio Internacional.

Los Incoterms 2010, empezaron a regir a partir del 1° de enero del 2011, con la reducción de 13 a 11 términos de negociación, los Incoterms eliminados son: DEQ, DES, DAF y DDU.

ANÁLISIS DE LOS INCOTERMS

a) **GRUPO E.:**

EX – WORK

La responsabilidad del vendedor es solo hasta que pone la mercancía en su fábrica y el comprador concurre en los gastos de transportación y riesgo de las mercancías.

Los costos y riesgos asumidos por el vendedor son el embalaje, verificación y control de la mercancía en su fábrica.

Los costos asumidos por el comprador son el transporte de la mercancía desde el país de origen hasta su destino, contrata el seguro y tramita los documentos aduaneros de importación y exportación.

b) GRUPO F. NO SE CANCELA EL TRANPORTE PRINCIPAL

FAS.- FREE ALONG SIDE SHIP

Término utilizado para vías navegables, el vendedor cumple con su responsabilidad una vez que entrega la mercancía al costado del buque en el puerto de embarque convenido del país exportador.
Es utilizado con frecuencia para cargas a granel.

Los costos y riesgos asumidos por el vendedor son el embalaje, control de la mercancía así como el responsable de poner la mercancía en el transporte además del trámite aduanero de exportación y la operación portuaria.

Por su lado el comprador asumirá la obligación de pagar la mercadería, el Flete y seguro (de lugar de exportación al lugar de importación), así como asumir los Gastos de importación entendiéndose aspectos como el almacenaje, el agente aduanero a contratar, y se encargará de contratar el respectivo seguro desde el lugar de la importación hasta su destino final pudiendo ser este la planta y/o cualquier otro aspecto que se presente.

FOB.- FREE ON BOARD

El término FOB significa que la responsabilidad de entregar la mercancía a bordo del buque es del vendedor, además efectúa el despacho de la mercancía asignada para la exportación.

Por su lado el comprador se encarga de realizar la reserva del buque y acarrea los gastos y riesgos desde que la mercancía traspasa la borda del buque, hasta la recepción y descarga de mercancía en el lugar de destino y contrata el seguro correspondiente hasta su destino.

FCA.- FREE CARRIER

Es un acuerdo entre el vendedor y comprador del lugar convenido de entrega y traspaso de responsabilidad de la mercancía, ya que el lugar de entrega es de gran influencia para el acuerdo de responsabilidades y riesgos Se entrega la mercancía en el lugar convenido en el país de origen y el importador se hace cargo de los costos hasta que la mercancía llegue a la aduana del mismo.

c) **GRUPO C. ENTREGA DIRECTA**

CFR.- COST AND FREIGHT

Los gastos y el flete son pagados por el vendedor y es el responsable de despachar la mercancía para la exportación.
Es empleado en el transporte por vías navegables.

CIF.- COST, INSURANCE AND FREIGHT

Los gastos y el flete son pagados por el vendedor, además a de conseguir un seguro marítimo que cubra los riesgos del comprador de pérdida o daño de la mercancía durante el transporte.

CPT.- CARRIAGE PAID TO

La mercancía es entregada por parte del vendedor al transportista al mismo tiempo que se encarga de cancelar el flete del transporte hasta el destino designado, los gastos o riesgos en que se incurran en adelante son asumidos por el comprador.

El termino CPT exige que el vendedor despache la mercancía en aduana para la exportación así como es el responsable del gasto que genere contratar el transporte en la terminal de origen.

El termino CTP puede ser utilizado en cualquier tipo de transporte incluyendo el transporte multimodal.

CIP.- CARRIAGE AND INSURANCEPAID

El vendedor es el responsable de entregar la mercancía en el punto convenido del país de destino, responsable de los costes de transporte principal y el seguro.

El riesgo se transmite al comprador en el medio de transporte.

Este incoterms puede ser utilizado en cualquier modalidad de transporte.

d) **Grupo D – Entrega directa en la llegada.**

DAT.- DELIVERED AT TERMINAL

La mercancía es entregada en la terminal designada en el puerto o lugar de destino, una vez descargada del medio de transporte de llegada. El incoterm DAT es utilizado para todo medio de transporte. Utilizado con frecuencia para el transporte de carga al granel.

DAP.- DELIVERED AT PLACE

La mercancía es entregada por parte del vendedor en el medio de transporte de llegada al comprador, y preparada para la descarga en el lugar de destino convenido.

El DAP representa el lugar de destino convenido, es utilizado para cualquier tipo de transporte.

DDP.- DELIVERED DUTY PAID

El vendedor cubre todo el gasto desde la salida del país de exportación hasta el lugar de destino convenido incluido los gastos de aduana de importación.

2. DECLARACIÓN ADUANERA

La Declaración Aduanera es un documento relevante para el trámite aduanero de mercancías.

En el formulario se redacta toda la información y descripción de la mercancía objeto de la importación o exportación.

Según lo determina el artículo 63 del reglamento al Código Orgánico De La Producción Comercio E Inversiones indica que:

"La declaración aduanera es presentada de manera electrónica y/ física por parte del agente de aduana, importador o exportador". (Arevalo, DECLARACION ADUANERA, 2011).

Para el trámite aduanero una sola declaración aduanera puede sustentar a varias facturas y documentos de transporte sujetas a la misma importación o exportación cuando correspondan a un mismo importador.

Datos que contiene la declaración aduanera.

La declaración aduanera está conformada por:

✓ Numero de refrendo

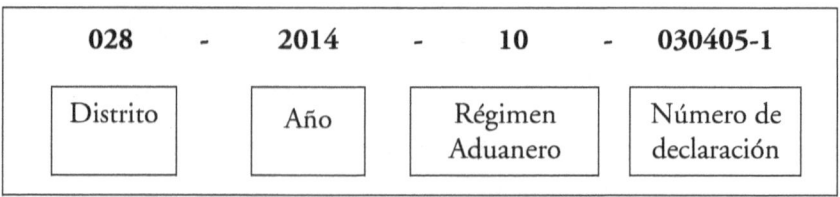

028	-	2014	-	10	-	030405-1
Distrito		Año		Régimen Aduanero		Número de declaración

✓ Fecha de realización de la declaración.
✓ Datos específicos del importador, exportador, proveedor.
✓ Lugar de procedencia, origen y el precio de la mercancía expuesta a la exportación o importación.
✓ Especificaciones de la mercancía incluida en la descripción: marca, color peso, valores, entre otros.

Plazos para la presentación de la declaración

✓ **Declaración aduanera de importación.**
El plazo no debe ser superior a 15 días calendario previo a la llegada del medio de transporte, y hasta treinta días calendarios siguientes a la fecha de su arribo.

✓ **Declaración aduanera de exportación.**

El tiempo estimado es hasta 24 horas antes del ingreso de mercancías a zona primaria y 30 días posteriores al embarque de la misma.

El aforo parte de la declaración aduanera.

La aduana previamente debe aceptar o rechazar la información que contiene la declaración aduanera, verificando en conjunto con los datos consignados en el documento de transporte por medio de un proceso de validación, si todo está correcto se asigna el canal de aforo por medio de un perfilador de riesgo, y estos pueden ser:

- **Aforo Documental.-** revisión de documentos y valor constatados con lo que indica en el sistema aduanero.
- **Aforo Físico.-** cuando se revisa la carga.
- **Rayos x.-** revisión de carga interna.
- **Aforo Automático.-** no se realiza ningún tipo de inspección, y pasa directo a almacenaje.

Documentos que Acompañan a la Declaración Aduanera

Los documentos que acompañan a la declaración aduanera son:

Los documentos de acompañamiento, denominados de control previo, se tramitan previo al embarque de la mercancía objeto de la importación además se entregan en conjunto con la declaración aduanera.

Los documentos de soporte son la base para la obtención de información que se presenta en la declaración, la responsabilidad de entrega del documento es el declarante, los documentos de soporte son:

a) Documento de transporte: Acredita la propiedad de las mercancías.

b) Factura Comercial: Documento que acredita la transacción comercial además de ser un documento soporte del valor de transacción comercial para la importación o exportación de las mercancías.

c) Certificado de Origen: Documento que permite la liberación de tributo. (Arevalo, Art 71 documeto que acompañan a la declaracion aduanera, 2010).

3. FACTURA COMERCIAL

La Factura Comercial es considerada como un documento de gestiones administrativas, el cual el vendedor emite en el momento de la transacción comercial. Este documento mercantil detalla la entrega de un producto por parte del vendedor hacia el comprador.

La Factura Comercial Internacional incluirá clausulas tales como las formas de pago descritas en los Contratos de Compraventa Internacional.

Este documento es utilizado por el importador para realizar trámites de legalización y desaduanización de la mercancía adquirida. Existen casos de prácticas ilegales en los cuales reflejen valores menores al real, con el fin de evitar el pago de aranceles y otros impuestos obligados a cancelar en el país de importación.

Aspectos Generales

La factura comercial no tiene un formato definido, pero debe contener la siguiente información.

- Fecha.
- Nombre y razón social del comprador y vendedor.
- Número de la factura.
- Cantidad de bultos.
- referencias.
- Descripción de la mercancía.
- Precio Unitario.
- Precio Total.
- Términos de negociación comercial, Incoterms.

Por lo general la factura debe llevar 3 copias con el nombre y razón de la empresa, la original es receptada por el cliente. La información que se detalla en la factura, debe coincidir con los demás documentos comerciales de la transacción.

4. MEDIOS DE PAGO INTERNACIONALES

Son transacciones económicas en el intercambio de bienes o servicios entre compradores y vendedores de diferentes países que se dan por métodos o modos que se determinan por el riesgo y coste que se asume.

Factores en la elección del medio de pago

- Confianza mutua entre el comprador y el vendedor (nivel de conocimiento que se tenga del comprador extranjero).
- Tamaño y la frecuencia de las operaciones.
- Las normas legales existentes en los países involucrados en la transacción.
- Costos bancarios generados por la utilización de dichos instrumentos.
- Términos de negociación empleados.
- Agilidad para el cobro.
- Tamaño de las partes.
- Grado de relación o de confianza entre las partes.

En muchas ocasiones es inexistente una relación previa entre las partes; y es donde debemos tener en cuenta los factores determinantes para la elección del medio de pago internacional más adecuado que se implementa en la operación/transacción a realizarse en el exterior.

Es evidente que si no se cobra no hay beneficios sino perdidas, por lo que puede fácilmente entenderse que se exporta para obtener beneficios económicos, con lo que la utilización de los medios de pago estará siempre en función de obtener los favores referentes al proceso de exportación – importación.

La particularidad entre las partes que intervienen son la liquidez y solvencia, tener capacidad de crédito, regirse y cumplir con la política empresarial y política monetaria del país.

Factores vinculados con el Importador

- Características del país.
- Política monetaria del país.
- Comportamiento de la competencia.
- Solvencia económica y financiera del importador.

Existen clases de medios de pago internacional que agilizan la negociación de compra y que garantiza el pago de la misma en el plazo acordado por el importador y exportador.

CHEQUE BANCARIO INTERNACIONAL

Es un cheque emitido por un banco a pedido del importador proveniente del mismo país a razón de realizar una transferencia a una entidad bancaria del país del exportador.

Este medio de pago suele darse cuando existe plena confianza entre el importador y la entidad bancaria que realiza la transacción sin necesidad de una garantía de por medio.

Existen 2 clases de cheques bancarios:

- Cheque bancario Directo: es cuando el banco o una de sus sucursales están obligados a cancelar un importe; el cheque.
- Cheque bancario Indirecto: el librado u obligado de cancelar un importe es otro banco.

LA ORDEN DE PAGO SIMPLE

Es cuando se realiza la entrega de la mercancía y los documentos que acrediten la misma por parte del exportador al importador y este a su vez se encarga de notificar a la institución bancaria de su localidad que le sea cancelado el servicio al exportador por medio de una transacción bancaria.

REMESA SIMPLE

El exportador envía la mercancía y tramita la documentación de la misma, además emite un documento financiero (entiéndase con esto él envió de letras de cambio, pagare u otros) que es entregado a su banco para que este se encargue de notificarlo al banco del importador quien a su vez informara al comprador sobre el pago de la mercancía.

ORDEN DE PAGO DOCUMENTARIA

El nivel de confianza que exista hacia el importador dependerá la transferencia de la mercancía una vez que este por medio de una transferencia cancele al exportador, por su parte el exportador se encarga de enviar la mercancía restringiendo los documentos respectivos a la transacción aduanera hasta que por parte del importador verifique que la mercancía es la correcta y acepte la transacción de pago pudiendo negarla ya que la orden de pago puede ser de carácter revocable.

REMESA DOCUMENTARIA

Es similar al medio de pago remesa simple con la disconformidad que el exportador solo envía la mercancía y emite el documento financiero el cual es entregado por el banco del mismo a la entidad bancaria del importador, los documentos que acreditan la transacción de la mercancía solo le es entregado al importador una vez que este acepte el pago sea como venta al contado o venta con pago aplazado. Con esta metodología existe plena seguridad por parte del exportador que su mercancía será cancelada.

CAPÍTULO 8

MODOS, MEDIOS Y DOCUMENTOS DE TRANSPORTE Y SUS OPERADORES

RESUMEN DEL CAPÍTULO

La cadena de transporte significa la máxima coordinación entre los distintos modos de transporte que operan para la consecución de las transportaciones de forma satisfactoria, con la realización de este capítulo conoceremos los modos, medios y documentos de transporte y como se relacionan de acuerdo a sus operaciones.

OBJETIVOS

- Conocer los distintitos modos existentes en las operaciones aduanera.
- Identificar qué documento de transporte se necesita de acuerdo al medio de transporte usado.

MODOS DE TRANSPORTE

El transporte es el elemento primordial que se ejecuta dentro de la cadena logística, los modos que se elijan para el transporte debe ser el más idóneo y adecuado (acuático, marítimo, fluvial, aéreo, terrestre, ferroviario).

MODO ACUÁTICO

Es el traslado de mercancías voluminosas por mar, ríos y lago con tiempos de llegada lentos y en muchas ocasiones reemplazados con los modos aéreos y modos terrestres.

La necesidad de mejorar y reforzar el comercio mundial han obligado al hombre a ejecutar con mayor fuerza el transporte de mercancía ejecutado por mares, construyendo barcos de infraestructuras ajustadas para la manipulación de mercancías.

El transporte acuático está clasificado de la siguiente manera:

1. **Modo marítimo**

La modalidad es el traslado de personas pasajeros y cargas sólidas o líquidas por mar desde un punto de origen hasta su destino a costos bajos en comparación con otros modos al realizar traslados de cargas.

Características.

- Mayor capacidad de espacio.
- Flexibilidad y versatilidad.
- Puntos Geográficos.

2. **Modo Fluvial**

Usado desde la edad media y consiste en el transporte de carga o personas por medio de ríos, el obstáculo es la reducida velocidad y tiempo de llegada hacia el lugar de destino.

3. **Modo Aéreo**

Es el modo más seguro y rápido, considerado en los últimos tiempos como el medio que permite llegar a mercados de menos acceso a razón de su rapidez y tiempo de entrega, utilizado en gran magnitud para el traslado de mercancías perecederas o de fácil descomposición, además se utiliza por su rapidez para mercancías de envío urgente y de alto valor.

Experimenta mayor crecimiento, en sus inicios se desarrolló únicamente para pasajeros; con el pasar del tiempo y con el uso de contenedores aéreos y al diseño de nuevos aviones destinados a carga, el volumen de mercancías transportado por este medio se incrementa año tras año.

Ventajas

Una de las ventajas es que disminuye el gasto en el embalaje de la mercancía por ser un modo que no requiere de mucha manipulación en su traslado.

Desventaja.

- Limita el peso de carga.
- Reducido tamaño en las puertas del medio.
- Autonomía de vuelo.

4. **Modo terrestre**

El modo terrestre se utiliza sobre ruedas es decir se ejecuta sobre la corteza terrestre, permitiendo trasladar mercancías desde un punto a otro ejecutando responsablemente norma de transito aduaneras, la ejecución de este modo es realizada por operadores inscritas a empresas habilitadas para la circulación de carga.

FOTO: GRUPO INSPECTSERV.

Características:

- Complementariedad con otros modos.
- Disponibilidad de horarios.
- Agilidad en servicio de carga y descarga.
- Fácil adaptación a los distintos tipos de carga.

5. Modo ferroviario

El transporte ferroviario es adecuado para el envío de vagones completos a largas distancias, además es un sistema de transporte terrestre de personas y mercancías guiado sobre una vía férrea.

Se ha necesitado de ayuda internacional para el desarrollo ordenado del transporte ferroviario en los distintos aspectos técnicos de organización y tarificaciones.

MEDIOS DE TRANSPORTE

El transporte es una actividad de mayor expansión dentro del sector terciario, cuyo fin es el traslado de objetos o bienes desplazándose desde un lugar a otro, dando resultados valederos de aumento del comercio con mayor rapidez y menos costes de transporte.

Para determinar el medio de transporte a utilizar primero se define que modo se va a utilizar.

Medios de Transporte Marítimo.

1. Buques.

Barco con cubierta que por su tamaño, solidez y fuerza es apropiado para navegaciones marítimas de importancia.

Condiciones De Los Buques.

- o La flotabilidad.
- o Solidez o resistencia.
- o Estanqueidad.
- o Estabilidad y Navegabilidad (velocidad y evolución).

Tipos de Buque

- **Buque Petrolero.**- Diseñado para el transporte de crudo o productos derivados del petróleo.
- **Buque Gasero.**- transportan gas Natural o gas licuado.
- **Buque Granelero.**- utilizado para el transporte de cargas a granel.
- **Buque Frigorífico.**- utilizado con mayor frecuencia para cargas perecibles y frutas.
- **Buque Portacontenedores.**- parte del transporte multimodal, miden hasta 350 metros de altura.

2. Barcazas.

Considerado como artefacto naval, sin propulsión propia, de fondo plano, que se emplea para el transporte fluvial o transporte marítimo de mercancías y pasajeros. Su fondo plano facilita su varada en playas de arena, no requiriendo de muelles o embarcaderos para su carga o descarga.

Son muy prácticas en los lugares donde un buque atracado necesita descargar por ambos lados.

Medio De Transporte Aéreo

El medio de transporte aéreo es el más sofisticado y al mismo tiempo con mas restricciones puesto que existen estrictas medidas de seguridad que condicionan las posibilidades de aumentar su capacidad.

- **Avión.**

Medio que permite llevar limitadas cantidades de productos ya que el peso y el volumen son factores que se toman en cuenta al momento de transportar.

El avión es considerado el medio más rápido en trasladar mercancías de un lugar a otro, encontrándose limitado en su capacidad de carga.

Las líneas aéreas están acondicionadas a la transformación en cargueros de aquellos aviones dedicados al transporte de pasajero.

Medio de transporte terrestre.

En la época antigua las tribus utilizaban trineos de madera como medios para desplazarse de un lugar a otro construidos por troncos de madera con tiras de cuero.

Años más tarde se dio la creación de la rueda, este fue uno de los avances más transcendentales lo que permitió que se diera paso al desarrollo de otros medios de transportes terrestres.

En la actualidad el medio de transporte utilizado en materia de Comercio Internacional por vía terrestre y el representativo son los camiones.

FOTO: GRUPO INSPECTSERV.

- **Camión**
  Los camiones de distintos tonelajes (ligeros, medianos, pesados)

  ✓ Traylers.
  ✓ Semitraylers.
  ✓ volquetes de diferentes capacidades.

Ventajas

- Maniobra de fácil acceso.
- Rapidez.

Desventajas

- Precios elevados de fletes.
- Volumen bajo de mercancía.
- Inseguridad de hurto.

Medio de transporte férreo.

- **El ferrocarril.**

Medio distintivo del transporte férreo, las características de este medio son las ruedas guiadas que se desplazan sobre raíles (rieles) paralelos y arrastrados por otro vehículo motor, denominado locomotora, que es donde se genera la energía necesaria para el movimiento del conjunto.

Modo de Ductos

- Tuberías.

Es una modalidad de transporte que generalmente queda eclipsado por los medios de transporte de mercancía más característicos o tradicionales. Entre los materiales que se transportan por tubería son agua, petróleo, combustibles, aire y gas natural.

Modo Campo Eléctrico

- Cable.

DOCUMENTO DE TRANSPORTE

El documento de transporte es un acuerdo de firma voluntaria entre las partes que intervienen en el proceso es decir entre un operador de transporte, quien es el responsable de comprometerse a transportar la carga desde el punto de origen hasta su destino por medio del pago de su servicio y el usuario de su servicio.

Una vez establecido las condiciones, responsabilidades y las partes que intervienen dentro del contrato de transporte se procede con el llenado y presentación del documento de transporte, este documento es considerado como un soporte para la gestión aduanera.

> "El documento de transporte acredita la propiedad de la mercancía". (Arevalo, Documento de Transporte art 72, 2011).

El llenado del documento de transporte es de forma explícita con información real, clara y concisa, los campos que se generan en un documento de transporte y que se sustentan en el convenio sobre el contrato de transporte son los siguientes:

a. Descripción de las mercancías que van hacer objeto del transporte.
b. Las marcas o características que identifican las mercancías objeto del transporte.

c. Número de bultos de unidades, o la cantidad de mercancías; y

d. El peso de las mercancías, si el cargador lo facilita.

Existe un documento de transporte por cada medio de transporte utilizado, los cuales son detallados a continuación.

1.   Conocimiento de Embarque Marítimo

Documento utilizado en el transporte marítimo que recibe el cargador, emitido por el capitán del barco o naviera, cuya finalidad es acreditar la recepción de la mercancía a bordo el buque, y supone el compromiso de transportarla a un determinado lugar y en un tiempo determinado.

El conocimiento de embarque marítimo certifica la existencia de un contrato de transporte entre las partes y es un comprobante de recibo al derecho de entrega de las mercancías.

El Convenio de las Naciones Unidas sobre el Contrato de Transporte Internacional de Mercancías Total o Parcialmente Marítimo tiene la finalidad de promover la uniformidad de aplicación y la buena fe en los negocios y acuerda que el contrato de transporte es:

> "Contrato en virtud del cual un porteador se comprometa, a cambio del pago de un flete, a transportar mercancías de un lugar a otro. Dicho contrato deberá prever el transporte marítimo de las mercancías y podrá prever, además, su transporte por otros modos". (UNIDAS, 2009).

El convenio sobre contrato de transporte ampara al porteador y destinatario de la mercancía exento los contratos que se den bajo un contrato de fletamento.

Obligaciones del porteador

La entrega de la mercancía por el medio de transporte escogido al tiempo de llegada establecido, bajo la responsabilidad de proteger la mercancía desde el recibo de entrega de la carga en bodega cumpliendo con la custodia, y descarga en el lugar de destino amparadas en las leyes que rige el contrato de transporte.

Personas que intervienen en el contrato de transporte.

- Armador, disponibilidad del buque.
- Capitán.
- Cargador: responsable del embarque mercancía.
- Consignatario, recibe la mercadería.
- Estibador.
- Fletador, persona que contrata el transporte del buque.

2. Conocimiento Aéreo (*"Airway Bill"*)

Documento utilizado para el transporte aéreo y su función principal es acreditar la propiedad de la mercancía, la guía aérea es un documento que evidencia el contrato existente entre el cargador y el transportista, además sirve de respaldo para el transportista en la entrega de la mercancía y como guía para la correcta manipulación del mismo. Este documento está limitado al endoso y no representa crédito.

Funciones de la guía aérea

- Prueba del contrato de transporte aéreo.
- Prueba de recibo de la mercadería.
- Factura de flete.
- Procedencia de la mercadería/Declaración de aduana.

Características

o Solo la emite agente IATA.
o Se emite una guía madre y varias hijas.
o No es un documento negociable y no brinda garantía de salvaguardo de la mercancía.
o Viaja siempre con la mercadería.
o No representa un crédito.

3. Carta de Porte

"El contrato de transporte se debe hacer constar mediante la carta de porte CMR. La carta de porte se debe extender en 3 ejemplares originales firmados por el expedidor y el transportista". (ESUMER, 2013).

4. Carta de Porte Ferroviario (CIM)

El Transporte Internacional de Mercancías está regulado, principalmente, por el Convenio Internacional sobre Transporte de Mercancías por Ferrocarril (CIM),

Se emite de forma nominativa, no se puede transmitir por endoso y una misma carta de porte ampara todo el trayecto, independientemente del número de ferrocarriles que intervengan en su ejecución.

CAPÍTULO 9

USO DEL ENVASE EMPAQUE EMBALAJE Y EL CONTENEDOR EN EL COMERCIO INTERNACIONAL Y SU INFLUENCIA EN LAS OPERACIONES LOGÍSTICAS INTERNACIONAL

RESUMEN

Quienes incursionan en el campo del comercio exterior, saben de la importancia que tienen para su transporte, doméstico y/o internacional, el correcto empaque y embalaje. Las mercancías deben llegar a su destino final en perfectas condiciones para su uso o consumo.

Lo primero que debe hacerse, antes de seleccionar un envase o embalaje, es plantearse qué tipo de protección necesita el producto; los que están compuestos por diversos materiales requerirán protección frente a diferentes eventualidades.

Una de los factores clave para el comercio mundial han sido los contenedores por esta razón los medios de transporte también se han adaptado al contenedor, especialmente los buques, apareciendo un nuevo tipo como son los portacontenedores, los cuales están diseñados para transportar la máxima cantidad de contenedores y facilitar su carga y descarga. Con el único motivo de incrementar la productividad de los puertos.

OBJETIVOS.

- Identificar el uso del empaque, envase y embalaje de acuerdo al producto.
- Conocer las dimensiones del contenedor, clases, importancia en el Comercio Internacional.
- Determinar qué papel juega el uso de contenedores en el transporte de mercancías.
- El uso y manejo adecuado de contenedores en cada una de sus operaciones logísticas.

ENVASE, EMPAQUE, EMBALAJE

En el campo del comercio internacional, la selección del envase, empaque y el embalaje es el principal análisis que se realiza previo a la carga a transportar en el tránsito internacional, evaluando la debida manipulación y transporte local o internacional. El objetivo del envasado y empaquetado de las mercancías garantiza la llegada en condiciones favorables al destino final.

ENVASE PRIMARIO

Es un factor primario que cumple con la función de contener el producto garantizando la protección y guarda relación directa con el producto hasta el consumo total del mismo.

Requisitos Del Correcto Etiquetado Son:

- País de origen y procedencia.
- Nombre comercial del producto.
- Fecha de elaboración y caducidad.
- Respectivas recomendaciones para el adecuado uso del producto.

Tipos de envases de acuerdo a su uso.

Son envases primarios las bolsas plásticas; por ejemplo para el contenido de leche, botellas para el contacto directo con bebidas, latas para el contacto con productos no perecederos ejemplo de esto el atún o sistemas tetra-brick.

ENVASE SECUNDARIO

La principal función es proteger y resguardar el envase primario agrupándolos y garantizando la correcta manipulación del producto cubriendo y facilitando la distribución y el almacenamiento en el lugar en que se encuentre la mercancía.

El correcto uso del envase secundario se genera a través de recomendaciones indicando el número de unidades que contiene el máximo de cajas que se pueden apilar encima del empaque y las características básicas.

Tipos de envase secundario

- Cajas de cartón.
- Canastas.
- Bandejas.

Marcado Del Empaque

Facilita la identificación de los productos, permitiendo el monitoreo y ubicación exacta de la mercancía.

El marcado contiene:

- Nombre comercial del producto.
- Tamaño del producto.
- Cantidades, pesos y valores del producto.
- País de origen de producto.
- Cantidad de envases individuales que contiene el empaque.
- Logo del producto.
- Datos del distribuidor y empacador.

Envases Por Su Vida Útil

a) **Envases Retornables**
   Creados para ser devueltos al envasador, para que sean reacondicionados, limpiados adecuadamente y vueltos a llenar con el mismo producto.

b) **Envases No Retornables O Descartables**
   Están pensados para un solo uso, y ser desechados luego de su utilización.

c) **Envases Reciclables**

Son diseñados para ser reprocesados luego de su uso, obteniendo un producto similar o diferente al original, prácticamente todos los envases cumplen con esta función, lo que es un aspecto importante en el cuidado del medio ambiente.

EMBALAJE

Protege y consolida los empaques objetos a transportar, acondicionada para su manipuleo y operación de transporte, garantizando no deteriorar el producto en el transcurso del viaje.

Según fuentes de la Asociación Latinoamericana de Integración los principios a considerar en el embalaje son la procedencia e importe de la carga, el costo y tipo de embalaje, forma de emplear el embalaje en la carga y su correcto almacenaje.

Uso correcto de embalaje y almacenaje

La correcta manipulación que se le dará en la bodega, las condiciones de almacenamiento así como el clima al que está expuesto es un factor condicionante para determinar los aspectos a considerar al momento de la carga y descarga de la mercancía.

Tipos de embalaje.

El embalaje a usar para el transporte de mercancía va a depender de la procedencia de la carga, entre los principales tipos de embalajes se encuentran los pallet, bolsas, sacos y contenedores.

Consideraciones del embalaje.

a) Naturaleza y valor de la mercancía.

El análisis de la carga es transcendental para la elección y correcto uso del embalaje, el diseño y material interno y externo son factores a considerar puesto que dependerá del producto a contener, del valor de la carga dependerá el precio del embalaje a utilizar, tiene dependencia al peso o tamaño de la mercancía.

b) Manipulación, marcas y almacenaje.
Comprende las condiciones y formas de carga y descarga, el número de apilamiento de la mercancía, y demás coordinación en el almacenaje.

c) El modo de transporte.

Características de los Envases y Embalajes

- Adecuación al producto que debe contener.
- Características del material compatible con el uso que se le vaya a dar.
- Facilidad para la manipulación del producto.
- Costes de manipulación y transporte.
- Impacto ambiental, deben ser reciclables y reutilizables.

Señalización del Embalaje.

La normalización de los envases y embalajes se realiza a través de las pruebas y ensayos las cuales se acondicionan para la correcta manipulación transporte y almacenamiento.

Uso del Contenedor en el Comercio Internacional y su influencia en las operaciones de logísticas internacional.

El desarrollo en la actividad del transporte internacional por agua se ha exhibido fuerte en todos los segmentos, por encima de la economía mundial.

A finales de la segunda guerra mundial entre 1939 y 1945 se dio origen al contenedor con la finalidad de crear un transporte seguro en el traslado de mercancías. Años más tarde dio apertura al transporte multimodal a través del servicio de transporte contenerizado, siendo Sealand la primera línea contenerizada iniciando con una capacidad de 100 cnts.

"El contenedor es definido como un recipiente o caja de dimensiones normalizadas de construcción estándar utilizada para el transporte de carga de distintas clase en uno o varios tipos de transporte". (MARI R., SOUSA, MARTIN, & RODRIGO., 2003).

FOTO: GRUPO INSPECTSERV S.A.

El crecimiento del transporte de contenedores se reconoce por causas comunes relacionadas con la expansión de la economía mundial especialmente en el movimiento de contenedores, entre las que se destacan las siguientes:

a) Crecimiento orgánico, basado en la globalización de la economía.
b) La reducción de barreras comerciales, los tratados de libre comercio, etc.
c) Crecimiento inducido, que se produce por un cambio en la forma de transportar carga suelta a granel aprovechando la tecnología del contenedor y la dispersión de contenedores vacíos por todo el mundo, debido a los desequilibrios comerciales de las cargas típicas del contenedor y la multiplicación de los transbordos.

El transporte y la logística son factores complejos de impacto significativo en los precios, el medio ambiente y consumo de energía. Si la globalización implica transportar cada vez más productos a mayores distancias, el manejo óptimo de todos los recursos implicados puede no sólo significar mejores resultados financieros, sino la supervivencia de una industria.

La capacidad del transporte de mercancías de un contenedor esta estandarizada para cierta cantidad de mercancías, sin embargo para abaratar costes, la tecnología de construcción naval está avanzando hacia la construcción de buques cada vez más grandes como los buques portacontenedores que hoy en día están dando su nueva aparición para aportar al Comercio Internacional, por su parte los países que practican actividades comerciales de índole internacional tiene que arreglárselas con el manejo de estos.

El acelerado uso del contenedor dio como efecto el bajo desenvolvimiento del desarrollo económico y técnico a causa de la poca diversidad en las dimensiones para lo cual se tomaron medidas de normalización;

> A) ISO- International Standard Organization.
> B) ASA- American Standards Asociation.

La recomendación ISO-R-668 definió requisitos para el correcto equipamiento de transporte los cuales son:

a) Tener carácter permanente y ser resistente para soportar su uso repetitivo.
b) Ser proyectado de forma que facilite su movilidad en una o más modalidades de transporte, sin necesidad de descargar la mercancía en puertos intermedios.
c) Estar provisto de dispositivos que aseguren la facilidad de su movilidad particularmente durante la transferencia de un vehículo para otro, en una o más modalidades de transporte.
d) Ser proyectado de modo que permita su fácil llenado y vaciado.
e) Tener un volumen interno de 35,3 pies cúbicos (un metro cúbico) o más. (MARI R., SOUSA, MARTIN, & RODRIGO., 2003).

En 1972 se celebró una conferencia, organizada conjuntamente por las Naciones Unidas y la OMI, para examinar un proyecto de convenio elaborado por la OMI en colaboración con la Comisión Económica para Europa, cuyo resultado fue el Convenio Internacional sobre Seguridad de los Contenedores de 1972 (CSC 1972) y posteriores enmiendas en 1981, 83, 91 y 93 [RES. A. 737 (18)].

Los anexos técnicos del convenio determinan las pruebas periódicas a que deben someterse los contenedores para garantizar la seguridad estructural, sometiéndolos a cargas de prueba en izada, apilamiento, cargas concentradas, rigidez transversal, pruebas estáticas, en paredes extremas y paredes laterales.

Parte de dicha información debe registrarse en la placa de aprobación de seguridad que será permanente, incorrosible e inconvertible mientras el contenedor vaya superando satisfactoriamente las pruebas.

Los requisitos incluidos en la definición de contenedor son prácticamente coincidentes con los de la ISO, si bien, en cuanto al tamaño de la superficie delimitada por las cuatro esquinas inferiores exteriores, exige que sea por lo menos de 14 m, o bien 7m, si lleva cantoneras superiores.

El Comité número 104 de 1965, también planteó recomendaciones en cuanto a la terminología, clasificación, dimensiones, especificaciones, métodos de pruebas y marcas.

FUENTE: TERMINAL PORTUARIO NAPORTEC.

CLASIFICACIÓN GENERAL DE LOS CONTENEDORES

Por sus dimensiones

Las dimensiones ideales de los contenedores han sido materia de discusión a lo largo del tiempo. En la actualidad, las medidas de los contenedores corresponden a estándares internacionales y están normalizadas por ISO. (Internacional Estandarización Organization, con base en ginebra-Suiza).

Longitud

Aun cuando en su momento existieron los contenedores de 10' y de 18' y aun cuando en la actualidad existen contenedores de medidas especiales (solo para uso interno de los ferrocarriles de EE.UU.), la industria de la transportación marítima parece haber optado por las unidades de 20' y 40' como la longitud ideal definitiva. La unidad, para efectos de cálculo de capacidad etc., es el contenedor de 20' y se la denomina T.E.U. (Twenty Foot equivalent unit.). Un contenedor de 20'= 1 TEU, un contenedor de 40' 2 TEU. Las longitudes de 20' y 40' están reconocidas por ISO. SEA-LAND es la única línea naviera que utiliza contenedores de 30', los cuales a pesar de estar también normalizadas por ISO, tenderían a desaparecer en el futuro por falta de apoyo de parte de las otras líneas navieras.

Ancho

En este punto, no parecen haber discrepancias entre las líneas navieras. Casi desde su aparición, el ancho de un contenedor fue establecido en 8', y se ha mantenido en esa dimensión.

Altura

Originalmente la altura de los contenedores de uso naviero fue establecida en 8'.
Al momento es cada vez menos frecuente encontrar contenedores de esa altura, ya que están siendo reemplazados por el contenedor de 8 '6". De corte más reciente aún, son las unidades de 9', denominados "High Cube" y que solo se fabrican en versión de 40'de longitud.

Fabricación

El contenedor pueden dividirse en tres partes: estructura, paredes y piso.
La estructura, es la parte responsable de la resistencia, está hecha de una aleación de acero especial y las demás partes son construidas de aluminio, material sintético, acero, madera o la combinación de éstas.

Con el uso del aluminio, el peso del contenedor se ha reducido 1/3 respecto al de acero y además presenta una elevada resistencia a la corrosión, si bien en su conjunto es más vulnerable a los golpes y el precio inicial es más costoso.

FUENTE: TERMINAL PORTUARIO NAPORTEC.

La madera del piso recibe un tratamiento especial fungicida, aplicado por medio de autoclaves apropiados para uso en madera.

Las pinturas usadas en los contenedores son de calidad especial, con garantía para un determinado tiempo de exposición a las más severas condiciones de trabajo. Las más usuales utilizadas para la protección de los contenedores metálicos, con procedimientos de aplicación y de secado según su procedencia, son:

- Pinturas acrílicas: gran dureza y cierta flexibilidad.
- Pinturas epoxídicas: elevado grado de resistencia a los agentes.

- Pinturas alkídicas: secado rápido por aplicación de calor, gran dureza.
- Pinturas alkídicas: secado rápido por aplicación de calor, gran dureza.
- Pinturas caucho cloradas: resistencia a la corrosión, y a los productos químicos.
- Pinturas de poliuretano: resistentes al tiempo, corrosión y abrasión, secan con el aire.

Los contenedores, después de su fabricación, deben ser inspeccionados por sociedades clasificadoras internacionales, de acuerdo con las normas ISO-. Entre esas entidades podemos citar el Lloyd register. En principio, dentro del límite de sus dimensiones, el contenedor puede recibir cualquier tipo de carga, teniendo para ello una variedad enorme de tipos, según su finalidad.

TIPOS DE CONTENEDORES

En principio, dentro del límite de sus dimensiones, el contenedor puede recibir cualquier tipo de carga, teniendo para ello una variedad enorme de tipos, según su finalidad, como por ejemplo:

a) Dry-box: Destinado a recibir carga general seca, ensacada, en cajas.

b) Contenedor-tanque: Para carga a granel líquida.

c))Flat-rack: Contenedor de media altura y techo abierto, destinado a carga pesada, con dimensiones cuya altura, en su parte más alta, sobrepasa las dimensiones laterales del contenedor.

d) Open-top: Contenedor con techo abierto, destinado al acondicionamiento de cargas pesadas, tales como motoniveladoras, tractores y otros tipos semejantes, protegidos por lonas.

e) Térmico: Contenedor destinado al transporte de cargas perecederas, pudiendo ser calentado o refrigerado. El contenedor refrigerado podrá ser del tipo reefer o conair. El reefer posee sistema de refrigeración propio que es conectado a la energía del buque, en tanto que el conair utiliza la refrigeración producida por el buque.

f) Ventilado: Contenedor empleado para mercancías que necesitan ser transportadas con ventilación constante para mantener su buen estado de conservación. El aspecto es el de un contenedor normal dotado de aberturas superiores, intermedias y bajas para circulación natural de aire.

g) Contenedor para granel sólido: cereales en general, azúcar, cemento, etc.; en los extremos del contenedor se encuentran compuertas para lograr el vaciado de la carga, mientras que en la parte superior se encuentran bocas para el llenado.

h) Contenedor para automóvil: este tipo de contenedor posee dispositivos apropiados para sujeción de los automóviles y posee hasta dos niveles. No disponen de paredes laterales y techo, siendo totalmente abiertos, con rejas de barras de acero, totalmente desmontables.

USO Y TRANSPORTE DEL CONTENEDOR

El contenedor posee estructura y todas las condiciones físicas para ser capaz de transportar prácticamente cualquier tipo de carga susceptible de ser llevada en camión o vagón de transporte. Por otro lado, bajo el punto de vista económico, no es de esperar un resultado positivo cuando se emplean contenedores para transportar productos de gran peso o volumen por debajo del valor intrínseco, que según algunos autores, está en torno de 250 dólares americanos por tonelada métrica, o sea, que en principio, el contenedor está pensado para ser usado en el transporte de cargas nobles.

De acuerdo a lo escrito en un fragmento del libro "El Transporte de Contenedores" se puede adoptar la siguiente clasificación considerando el grado de eficiencia:

a) Excelente: productos de gran valor con flete relativamente alto, cuyo factor de estiba sea compatible con la relación volumen y capacidad de carga del contenedor y también los productos sensibles a deterioro y robo como por ejemplo: licores, vinos, cigarros, productos farmacéuticos, material informático, conservas en lata, etc.

b) Adecuada: mercancía general, de valor moderado o que tiene tendencia a la contaminación, o está sujeta a incrementos de fletes. Ejemplos: harina en sacos, pieles frescas, tabaco, sacos, semillas de cacao en sacos, pinturas vegetales.

c) Marginal: productos que pueden ser colocados físicamente dentro de los contenedores, sin embargo son de poco valor y fletes bajos. (Posibilidad Economica del Empleo del Contenedor, 2003)

d) Inadecuada: carga que no se puede colocar físicamente dentro del contenedor. Ejemplos: grandes camiones, estructuras con más de 40 pies (12 metros) de longitud, y otros productos de valor muy bajo tales como la arena, lingotes de hierro, chatarra, etc., a cuyos transportes los cuales serían más económicos de realizarse en buques convencionales para ese tipo de carga. Todas esas consideraciones deben ser tomadas en cuenta antes de utilizar el contenedor, además de considerar el flete mínimo que es establecido por las conferencias de flete y acuerdos bilaterales.

FOTO: TERMINAL PORTUARIO NAPORTEC.

TIPOS DE BUQUE EN EL TRANSPORTE DE CONTENEDORES

Buque celular Lo-Lo

Este tipo de buque es caracterizado por la manipulación y transporte de contenedores, la estructura de las bodegas donde están alojados se encuentran divididas en bays las cuales tienen medidas específicas para el contenedor a acomodar, entre esas medidas están las utilizadas para los contenedores de 20 pies que de acuerdo a la dimensión llevan una numeración impar. Si son contenedores de 40 pies las numeraciones son pares Están compuestas por las llamadas "células – guías" adecuadas por vigas para la correcta manipulación del contenedor. La cubierta debido al tamaño de los contenedores es despejada, lo cual facilita la manipulación, para realizar la estiba del contenedor realizándolo mediante camadas.

Buque Multipurpose

Son buques multiusos, la eficiencia es lo que lo distingue por la que son vitales para contener los diversos tipos de carga. Entre los tipos de carga que pueden contener se encuentra la cara general y paletizada.

Este tipo de buque tienen la condición de poder transportar diversas cargas porque cuentan entre su equipamiento grúas y escotillas de grandes tamaños. Las escotillas permiten facilitar la manipulación del contenedor en sus diversas operaciones y asegurar la autosujeción.

Una característica poco habitual en los buques multipurpose son las rampas, ya que no todos lo tienen pero favorece a la manipulación de carga y descarga con facilidad.

Son de los pocos buques con estabilidad por lo que son utilizados para el transporte de carga a granel líquido o lastre.

Buques Ro-Ro

La carga y descarga se realiza de forma horizontal, utilizados para la manipulación de contenedores procedentes del transporte por carretera hacia una terminal portuaria. Los buques Ro-Ro no contienen equipos de grúas u otros equipos que puedan ser opcionales para la manipulación de los contenedores debido a que el embarque y desembarque es realizado de forma particular, a través de las cabezas tractoras.

Lash

Su nombre es derivado de *"lighter aboard ship"*, utilizado para realizar obras de grandes tamaños y cantidades, tiene barcazas las cuales son cubiertas por los llamados buque madre, y la facilidad de embarque es importante ya que proporciona la reducción del tiempo en el desembarque por las barcazas que contiene, lo que disminuye altos costos. Los buques Lash se consideran óptimos cuando dentro de las rutas están la transportación a puertos servidos por vías hidrobias interiores.

Buque Piggy Back

Esta clase de buques poseen dispositivos de fijación de los vehículos para las ruedas, los buques Piggy Back son utilizados para la carreteras en vagones del tipo canguro, a través de seguros se sostienen a los vehículos para su manipulación, son empleados como nuevos métodos para las operaciones de transporte con facilidades.

PARTE III
OPERACIONES ADUANERAS

CAPÍTULO 10

OPERACIONES ADUANERAS

RESUMEN

Las operaciones aduaneras son aquellas actividades relacionadas con el tráfico de mercancías sometidas a la potestad aduanera. En este capítulo se estudia las diversas operaciones aduaneras que se realizan ya que tienen como objeto modificar el régimen aduanero al que se encuentran sometidas las mercancías sobre las que ellas tratan.

OBJETIVO

- Conocer las personas sujetas a realizar las operaciones aduaneras.
- Identificar las operaciones aduaneras permitidas.
- Identificar el momento en que se produce un hallazgo a la carga.

Dentro de los cambios que se han encontrado con la nueva legislación en el ámbito de las operaciones se encuentra coordinar actividades con entidades u organismos del Estado en relación al ingreso y salida de bienes, medios de transporte y personas del territorio Ecuatoriano.

En las operaciones intervienen operadores de transporte internacional, Almacenes, agentes de aduanas, consignatarios y exportadores cuyas funciones, derechos y obligaciones están previstos en la legislación aduanera y demás instrumentos afines.

En el capítulo III del código orgánico de la producción, comercio e inversiones escrito por Marcos Arévalo menciona que:

> "Las operaciones aduaneras tienen como objeto el modificar el régimen aduanero a que se encuentran sometidas las mercancías sobre las que ellas se rijan". (Arevalo, Operaciones Aduaneras, 2011).

Cruce de Frontera.- La autoridad aduanera del Ecuador es el responsable de realizar las operaciones de control y supervisión de los lugares habilitados para la práctica del cruce de frontera.

> "Todo medio de transporte, unidad de carga y/o mercancías, que ingresen o salgan del territorio aduanero ecuatoriano, así como las personas en relación con las mercancías que transportan, deberán regirse al control aduanero". (Arevalo, ART 27 CRUCE DE FRONTERA, 2011).

Para el control de entradas y salidas de mercancías, medios de transportes o personas por cualquier modo que se utilice, sus actuaciones estarán enmarcadas en las atribuciones y facultades legalmente establecidas para el efecto en la normativa pertinente.

El control migratorio será la acción para supervisar las entradas y salidas de personas, para el control aduanero de los medios de transporte el transportista está obligado a presentar la información que ratifica la autorización de ingresos y salida del vehículo independiente al medio que esté utilizando.

Para el cruce de fronteras de bienes será sustento a la autorización de entradas y salidas los permisos a los que están expuesto por el tipo de carga a transportar.

Manifiestos de Carga.- La presentación del manifiesto de carga se realiza de manera física o electrónica, de acuerdo a como lo estime la autoridad aduanera.

> "Documento entregado por el transportista sujeto a llevar la mercancía a la autoridad aduanera, este documento ampara las mercancías que se transportan desde el lugar convenido por el vendedor hasta su destino". (Cevallos, 2011).

Manifiesto.- Es la relación de todas las mercancías que trae una nave o vehículo, destino puerto determinado. Esta viene separada por puertos de embarques. Este documento es digitado previamente, creando una base de datos.

La hoja de manifiesto contiene datos como:

- Línea operadora (emisora del B/L).
- Nombre de la nave.
- Puerto emisión (origen de la mercancía).
- Número de viaje.
- Fechas de arribo.
- Nacionalidad o bandera.
- Nombre del capitán.
- Puerto de embarque y descarga.
- Destino final.
- Fecha zarpe del puerto embarque.

Datos relativos a la carga.

Los datos que contienen la carga son el nombre del embarcador, consignatario, Notificado, No. conocimiento embarque o Bill of Loading, cantidad y tipos de bultos, descripción de las mercancías, marcas y números de bultos, peso bruto, volumen, observaciones.

El manifiesto general debe ser presentado a la aduana en el primer puerto de atraque de un país, y así en puertos siguientes.

Plazos Para La Entrega Del Manifiesto De Carga.

Para la presentación del manifiesto de carga en las importaciones por vía marítima se realiza, con un mínimo de 6 horas en puertos cercanos y para puertos lejanos 48 horas.

En el caso de las exportaciones el tiempo estimado de la presentación del manifiesto de carga es de 12 horas.

Para la presentación del manifiesto de carga por vías terrestre se realiza cuando se da la operación del cruce de fronteras de personas, mercancías o vehículos.

Para la salida del medio de transporte por vía aérea la presentación del manifiesto de carga se realiza hasta 12 horas después de la salida.

Para la llegada del medio de transporte en el país el plazo es hasta antes del arribo del mismo".

Operaciones Aduaneras.

Carga y descarga:

"Las Mercancía que provenga del exterior deberá estar descrita en el Manifiesto de Carga. (Arevalo, seccion III, ART 37 CARGA Y DESCARGA, 2011).

Cuando por motivos de cantidad, volumen o naturaleza de las mercancías, resulte necesario, la Directora o el Director Distrital podrán autorizar la descarga fuera de los lugares habilitados.

Fuente: Grupo Inspectserv S.A

Una vez efectuada la llegada del medio de transporte, el funcionario aduanero competente, podrá disponer se inspeccione el mismo o la vigilancia temporal sobre el medio de transporte y su Mercancía.

Para efectos del control al momento de la recepción del medio de transporte, y con el fin de asegurar la presencia sin retrasos en dicho acto de los delegados de las autoridades de salud, migración del control de los medios de transporte que realicen operaciones de Comercio Exterior, las empresas concesionarias de los puertos o aeropuertos, y/o las autoridades competentes, proveerán de un espacio físico habilitado para la estadía permanente de dichos funcionarios.

En el ámbito aduanero la fecha del arribo de las mercancías es la de llegada del medio de transporte al primer punto de control aduanero del país y la fecha de salida de las mercancías es la fecha en que el medio de transporte sale del territorio aduanero.

Hallazgo de carga.

Se produce el hallazgo cuando proveniente de un naufragio accidente u otro evento, las mercancías han sido encontradas en el territorio nacional por la Autoridad Aduanera o por cualquier persona y de la cual se desconozca su propietario.

Cuando a causa del hallazgo no existiera un manifiesto de carga se valida por medio de un inventario y las mercancías quedan bajo potestad Aduanera.

Una vez producido el hallazgo la autoridad aduanera debe publicar por medio de su sitio web la información de la carga encontrada, el plazo de la publicación es no superior a 24 horas por 5 días. Si no se encontrara a los dueños o representantes de la carga, esas mercancías entran a una subasta.

Arribo Forzoso.

Existen dos modalidades de darse un arribo forzoso estos son por mal tiempo; o por fuerza mayor y a consecuencia de esto se suspende o se cambia con carácter obligatorio el recorrido del transporte sujeto a trasladar la mercancía y exigen arribar en un punto del territorio aduanero no previsto en su ruta original.

Re-estiba.

Operación que se ejecuta dentro de un medio de transporte en el país de arribo, la acción predominante es la reubicación de cargas, sea esta contenerizada o suelta.

Cuando se realiza una operación de re-estiba se puede dar con previo aviso dando a conocer con antelación la carga sujeto a la re-estiba por parte del transportista.

En el caso que la re-estiba se realice de manera improvisada en la zona primaria la operación se realizara por medio de la supervisión del funcionario aduanero a cargo.

El responsable de la operación aduanera es el transportista.

El funcionario aduanero y el dueño de la concesionaria serán los responsables cuando se realice la re-estiba de contenedores y/o cargas en una nave portuaria para garantizar la estabilidad física de la carga hasta su llegada al próximo puerto.

La zona de permanencia de cargas y/o contenedores que se realicen posterior a su re-estibación vía terrestre será en el muelle.

Consideraciones para la Re.estiba Según datos de la Legislación Aduanera Ecuatoriana. (Arevalo, art. 48 Re- Estiba de Exportacion, 2011) .

a. Con el objeto de colocar, acomodar y/o cambiar la cortina plástica protectora en las unidades de carga.
b. Por defecto de colocación de cargas dentro del contenedor se necesita volver a colocar de manera correcta con el objetivo del correcto cierre de puertas.
c. cuando se dé la reubicación o el reemplazo de cargas desde otras unidades de cargas.
d. Cuando por mala ubicación de las unidades de carga dentro del medio de transporte queden Espacio Vacío que imposibilite el ingreso de bulto completo en el medio de transporte se puede dar apertura a la reubicación de cargas.
e. Cuando por seguridad de la carga se realice la verificación del contenido, su correcto empaque y embalaje y verificación de la calidad del mismo.
f. Trasteo de carga que habiendo ingresado a zona primaria, para exportación, estibada en el interior de una unidad de carga será embarcada como carga general bajo cubierta de uno o varios vapores.

FUENTE: GRUPO INSPECTSERV.

Artículos que Regulan Las Operaciones Aduaneras.

Art. 49.- Transporte Multimodal.- Combinación de más de un medio de transporte diferente desde el país de origen hasta su destino. La peculiaridad es que se contrata a un solo operador autorizado por la administración aduanera responsable de garantizar la seguridad de la mercancía al propietario y es el encargado del transporte así como responsable de los eventuales tributos, este transporte multimodal se ampara bajo un único título de transporte (Documento de Transporte Multimodal).

Si por causa mayor no se completare el traslado de la mercancía por medio del transporte multimodal teniendo que hacer una para que vaya más allá del límites de horas establecidos por la autoridad aduanera (4 horas), de forma obligatoria el contenedor en el que se transporte las mercancías, debe ingresar a los patios o bodegas de depósito temporal hasta que se pueda realizar la operación. El depósito temporal es un servicio aduanero en el que ingresan mercancías que no pueden ser cargadas o descargadas directamente desde el medio de transporte.

Art. 53 Depósito Temporal.- Lugar en el que ingresan contenedores que contengan mercancías, el depósito será habilitado de manera provisional cuando por causas de problemas de movilización desde un medio de transporte a otro y en los casos y parámetros en que la autoridad aduanera lo estime conveniente.

Serán uso de depósito temporal lugares donde se encuentren sitios delimitados o patios con infraestructura adecuada para la recepción y movilización de cargas previamente autorizados por medio de procedimientos que otorgan la calificación y las regalías del sitio. Entiéndase esto como zona primaria.

Si por causas de espacios insuficientes y debiendo antes constatar las adecuaciones y seguridad para la movilización de mercancías el director del SENAE puede autorizar las instalaciones de depósitos temporales en zonas secundarias.

Art 60 Traslado.- En la actualidad se considera un régimen aduanero y consiste en el traslado de mercancías desde una zona primaria a otra zona primaria dentro del territorio ecuatoriano. Las zonas primarias comprenden puertos, aeropuertos e instalaciones por vía aérea así como muelles e instalaciones de depósitos.

La peculiaridad de esta operación es que previo al traslado se presenta una garantía aduanera como derecho de prenda que cubra los eventuales tributos objetos del traslado. La garantía se ejecuta si a causa de la operación ocurre un siniestro o se da el robo o sustracción de la carga en el trayecto.

Otro caso es cuando el traslado se realice hacía un espacio físico autorizado para operar un régimen o un destino aduanero, o a un depósito temporal, estos operadores deberán hacer uso de su garantía general para que ésta ampare los traslados a sus dependencias.

> "Previo a la operación de traslado de mercancía la empresa transportista debe contar con los permisos y autorizaciones, para circular dentro del país, otorgados por la autoridad competente". (Arevalo, Art 61 (ART 137 COPCI) de los medios de transporte autorizados, 2011).

Para la ejecución del traslado se otorgan lineamiento del trayecto por parte del director distrital en conjunto con el transportista los cuales deben ser cumplidos, los lineamientos que se establecen son rutas, fecha y hora de salida y llegada de las mercancías así como el número de unidades a transportar.

PARTE IV
OPERACIONES PORTUARIAS

CAPÍTULO 11

OPERACIÓN PORTUARIA

RESUMEN

Por medio del capítulo se identificará y describirá las operaciones portuarias, los servicios portuarios, operaciones, zonas, actividades de las entidades y actuaciones en general que se prestan en la zona de servicios del puerto.

OBJETIVOS

- Conocer los giros básicos marítimos portuarios.
- Conocer que son los servicios portuarios y las zonas de influencia portuaria.
- Conocer la función de la tarja en materia de operaciones portuarias.

DEFINICIÓN DE PUERTO

Lugar en la costa defendido de los vientos y dispuesto para seguridad de las naves y para las operaciones de tráficos y armamento.

Conjunto de obra, instalaciones y organizaciones que permite al hombre aprovechar un lugar de la costa más o menos favorables para realizar operaciones de intercambio entre el trafico terrestre y marítimo.

El puerto es una fuente de enlace que permite el intercambio de entre el mar y la tierra. Se define el puerto como el conjunto de obras, instalaciones y servicios que proporcionan el espacio de aguas tranquilas necesarias para la estancia segura de los buques, mientras se realizan las operaciones de carga, descarga y almacenaje de las mercancías y el tránsito de viajeros.

FUENTE: GRUPO INSPECTSERV.

Características de los puertos.

- Los buques operan en todo momento.
- Contienen medios mecánicos para la operación de carga y descarga.
- Proveen de seguridad en el servicio y capacidad de almacenaje.

Servicio que ofrecen los puertos.

- Actividades logísticas idóneas para el servicio de transporte.
- Tránsito a terceros países.
- Facilidad de acceso a otros modos de transporte.

Reseña Histórica

En la edad Antigua los fenicios por la necesidad que tenían los pueblos orientales de hacer el intercambio de cobre por estaño con otros pueblos dieron inicio al denominado transporte marítimo.

Las embarcaciones eran de escaso porte y calado, y de algunas centenas de tonelaje.

El puerto de esta época implica un espejo de agua relativamente pequeño ya que su función se limitaba a abrigar el buque mientras duraban las operaciones.

Edad Media

Las interacciones portuarias habían sufrido muchos daños con motivo de las constantes guerras y rivalidades existentes.

Las embarcaciones experimentaban escasos cambios continuando la construcción en madera con principal propulsión mediante remeros en buques de guerra y a vela en buques mercantes; sin embargo, el mayor adelanto es la disposición del timón. Esto implica mayor seguridad en la navegación.

El puerto estaba dotado de muelles perfectamente construidos y dotados de los servicios más necesarios, como unas grandes picas de hierro para el amarre.

Edad Moderna

Se caracteriza por la apertura de los grandes océanos a la actividad mercantil, ya no son las Repúblicas Ribereñas Mediterráneas las que detentan primordialmente el comercio marítimo sino los incipientes estados europeos.

La arquitectura naval era de hierro, aumenta el porte y número de bodegas siendo impulsados por maquinas a vapor.

Todo lo anterior repercute en las obras e instalaciones portuarias, se impone la necesidad de disponer de adecuados muelles de atraque.

ZONAS DE INFLUENCIA PORTUARIA

1. ZONA MARÍTIMA: "Se disponen las obras de abrigo que protegen la zona de atraques del oleaje exterior, constituidas fundamentalmente por los diques; destinada al barco, las obras de acceso que facilitan el acceso del barco al puerto en condiciones de seguridad, garantizando su maniobrabilidad, anchura y calado adecuados" (ADUANA, 2011).

FUENTE: GRUPO INSPECTSERV S.A

2. ZONA TERRESTRE: La operación ejecutora es el ingreso de mercancías en muelles por vía terrestre y puesta en muelles facilitando el atraque y amarre de los barcos, sirven de soporte al utillaje y de acopio provisional de mercancías; y los depósitos que además de adecuar un espacio a las mercancías, sirven de regulación de los flujos marítimo-terrestres.

3. ZONA DE EVACUACIÓN, La situación radica en definir las vías de acceso que se utilicen para la llegada al puerto desde la Red de carreteras general, así como el recorrido que se ejecute para

los estacionamientos y la correcta distribución de reparto y las de penetración a la zona de operación terrestre.

Ocasionalmente pueden ubicarse en los puertos una zona de asentamiento de industrias básicas: siderurgias, astilleros, petroquímicas, refinerías, etc.

En algunos casos ha sido necesario crear puertos exclusivamente para su servicio.

Operadores Portuarios.

Hoy en día la construcción de terminales de carga ha obligado a buscar fórmulas de participación Pública-Privada, que permitan llevar a cabo la explotación y financiamiento de las terminales y recuperar costes.

Los Operadores Portuarios pueden ser personas naturales o jurídicas y son los responsables de la o las mercancía objeto del transporte.

El Operador Portuario es un elemento importante dentro de la cadena de distribución física permitiendo abaratar costos, desarrollando actividades técnicas portuarias en las que se encuentran:

- Descargue de Camión.
- Inspección de contenedores.
- Carga y descarga.

FUENTE: GRUPO INSPECTSERV S.A

Clasificación de los Puertos

I. Por su Navegación.

a) De Cabotaje.- Cuando sólo atiendan embarcaciones, personas y bienes en navegación entre puertos o puntos nacionales.

b) De Altura.- cuando atiendan embarcaciones, personas y bienes en navegación entre puertos o puntos nacionales e internacionales.

II. Por sus Instalaciones y Servicios.

1. Comerciales.- manejo de mercancías o de pasajeros en tráfico marítimo.

2. Industriales.- manejo de bienes relacionados con industrias establecidas en la zona del puerto o terminal.

3. Pesqueros.- manejo de embarcaciones y productos específicos de la captura y del proceso de la industria pesquera.

4. Turísticos.- se dedican a la actividad de cruceros turísticos y marinas.

III. Por su Administración.

1. Puerto Operador (Operating Port).- A cargo de la infraestructura e instalaciones además de la prestación de servicios.

2. Puerto Propietario (Land Lord Port).- Entrega servicios e infraestructura a privados.

3. Puerto Herramienta (Tool Port).- Dueño de la superinfraestructura y es operada por un privado.

4. Puerto Privado.- Propietario total de la infraestructura y prestación de servicios.

El modo de participación público o privado según el modelo portuario ecuatoriano está bajo la denominación Land lord o puerto propietario, donde las autoridades portuarias no operan en forma directa ningún servicio y sus funciones solo se reduce a la administración, mantenimiento y desarrollo.

La clasificación de los Puertos por su Tipo de Carga son Containeros, Granel Sólido, Granel Líquido, Multi-propósito.

Zona de Influencia

El "Hinterland"

El término Hinterland se refiere al radio de cobertura y posicionamiento geográfico de un puerto con relación a 'puntos interiores de la geografía de un país o continente. (Veritas B., Hinterland, 2008).

Conjunto de zonas, tierra adentro, a las que el puerto sirve como eslabón entre el transporte terrestre y marítimo, sea de pasajeros o de mercancías.

El "Foreland"

Son las zonas marítimas y ultra marítimas cuyo comercio o tráfico es atendido por el puerto. El puerto de Valparaíso se encuentra en la V región del país y sirve a las regiones IV, V, VI, VII y Región Metropolitana además de la región de Cuyo Argentina que se compone de las provincias de Mendoza, San Luis y la Rioja.

El Foreland del Puerto de Valparaíso corresponde a Puertos principalmente de Sur y Centro América, Norteamérica, el Norte de Europa y el Mediterráneo, Asia y Oceanía.

Usuarios del Puerto:

- Dueños de las cargas: Consignatarios y embarcadores.
- Líneas Navieras y Agencias Navieras.
- Consolidadores y Desconsolidadores de Carga.
- Empresas de Practicaje.
- Transportistas.
- Operadores Portuarios de Buques.
- Operadores Portuarios de Cargas.
- Empresas de Servicios Complementarios.

Servicios Portuarios y sus definiciones

- **Servicio de Apoyo al Practicaje.-** Consiste principalmente en las comunicaciones, transporte acuático de prácticos y la operación y mantenimiento de las estaciones de radio. El servicio que se brinda depende de las características de entrada del puerto. Tal es así que el Ecuador presta este servicio solo en Guayaquil.

- **Servicios de Remolcadores.-** Comprende el proporcionar uno o más remolcadores para efectuar las operaciones de Atraque / Desatraque, Abarloamiento / Desabarloamiento, o cambio de sitio de una nave.

- **Servicio de Amarra y Desamarra.-** Es manual y comprende proporcionar el personal necesario para efectuar las maniobras de amarra y desamarra haciendo firme los cabos en las bitas existentes a lo largo de las dársenas.

- **Servicios de Estiba y Desestiba.-** Consiste en la manipulación de carga desde y hacia la nave, con personal especializado en estas faenas, materiales y equipos de avanzada tecnología para alcanzar el objetivo final que es el optimizar los tiempos de estadía de la nave y satisfacer las exigencias de los armadores, siempre de forma programada y esquematizada.

- **Servicio de Tarja.-** Consiste en tarjar al costado de la nave la carga que se embarca o descarga para que el tarjador pueda hacer seguimiento de la carga debe poseer los respectivos listados de embarque o descarga.

En las operaciones portuarias, la tarja es una función de primer orden, cuyo objeto es contabilizar en forma clasificada la cantidad de bultos que ingresan y egresan del recinto portuario, de acuerdo al movimiento de importación y exportación.

La compañía privada designa al tarjador y su función es que reciba en el delantal del muelle o en otro lugar del terminal, las mercaderías que transitan en el Puerto.

Siendo esta función el inicio de las operaciones de carga y descarga, es imperativo que la mercadería sea chequeada, clasificada y anotada correctamente en la guía, siguiendo los procedimientos establecidos al respecto.

- **Servicio de Consolidación y desconsolidación**. Se da cuando un conjunto de productos es agrupado mediante un dispositivo que puede ser manipulado, almacenado y movilizado por cualquier medio de transporte como una unidad de carga independiente.

El contenedor como medio unitarizador es el más importante en la actualidad.

Ventajas de la Consolidación

- Disminuye mermas.
- Disminuye el riesgo y daños a la carga.
- Aumenta la productividad de transferencia.
- Disminuye los costos por unidad.
- Facilita el cumplimiento de las formalidades aduaneras.

Servicio de Almacenaje

Es la custodia, manejo y posicionamiento de cargas en áreas específicas, y adecuadas para contenedores y carga suelta.

SALVATAJE.- Operación de auxilio y rescate para controlar los siniestros, minimizar en lo posible las pérdidas de implementos y proteger la vida humana y el medio ambiente acuático, remoción de restos náufragos, remolques oceánicos.

FONDEO.- El fondeo se realiza en aguas portuarias encargándose cada Autoridad Portuaria de cobrar las tarifas vigentes por asignación del puesto de fondeo.

MUELLAJE.- Cuota al usuario por tonelada o fracción de bienes o mercancías que se cargue o descargue en los muelles del recinto portuario.

AMARRE.- Se utiliza para el amarre de los buques con bitas, cornamusas, cadenas y estas se utilizan de acuerdo al tamaño y disponibilidad de las mismas.

ESTIBA/DESESTIBA.- Son las operaciones de colocación o arrumado, estabilización y ordenación de la mercadería en un medio de transporte, depósito o almacén y la inversa.

Estiba: Son las diferentes operaciones que se realizan con las mercancías para ubicarlas correctamente en las áreas y zonas de carga, teniendo en cuenta todas las normas de seguridad aplicables en cada operación. La estiba comprende dos fases:

- Entrada de la mercancía hasta la bodega: camino seguido desde el muelle y se compone de movimientos horizontales y verticales para desplazar la carga hasta el lugar de almacenamiento.
- Almacenamiento: formas de almacenar la mercancía en bodega para conseguir el máximo aprovechamiento de los espacios de acuerdo con las características de la carga y del barco y de las condiciones de seguridad.

El principal objetivo es optimizar el tiempo de estadía de la nave en puerto y que las operaciones de embarque y descarga se realicen sin que la carga se vea afectada.

Servicio de Almacenaje / Proceso documental

Señalización relativa al manejo de carga

La mayor parte del bulto tiene impresa o adheridas en su exterior alguna información relativa a las características de los productos, que contienen. Estas indicaciones tienen por objeto proteger la integridad física de la carga, como las cargas peligrosas, prevenir al personal que la moviliza sobe el daño potencial que representa.

Existen tres tipos:

- Dibujos pintados.
- Leyendas o inscripciones literales.
- Etiquetas autoadhesivas.

Tarja de desconsolidación

Documento utilizado en la apertura de contenedores donde se manifiesta lo que viene estibado y tiene las siguientes especificaciones:

- Nave-viaje.
- Número de contenedor.
- Sellos.
- Marca Contramarca-números.
- Cantidad.
- Tipos de Bultos.
- Kilos estimados.
- Estados de los bultos.
- Estados interior de los contenedores.
- Nombre del tarjador.
- Numero de cuadrilla y montacargas.

BIBLIOGRAFÍA

(s.f.). Obtenido de http://www.saftec.com.ec/conteiners.pdf

(s.f.). *inspection managment.*

(s.f.). *LAN MANAGMENT.*

Legislacion sobre el Contrato de Seguro. (29 de 11 de 1963). Recuperado el 2014, de ART. 57 DEL SEGURO DE TRANSPORTE TERRESTRE: http://www.sbs.gob.ec/medios/PORTALDOCS/ downloads/normativa/decreto_supremo_1147.pdf

"Transporte de Contenedores" Terminales, Operatividad, Casuistica. (2003). Barcelona: Edicions de la Universitat Politecnica de Catalunya.

ISSPOL. (2009). Recuperado el 23 de 10 de 2014, de LEY DE SEGURIDAD SOCIAL DE LA POLICÍA NACIONAL: http://www.isspol.gob.ec/recursos/documentos/transparencia/ Transpariencia/BASE_LEGAL/LEY%20DE%20SEGURIDAD%20 SOCIAL%20DE%20LA%20POLICIA%20NACIONAL%20 ACTUAL.pdf

(2010). peru: blog.

BAIREXPORT. (2010). Obtenido de http://www.bairexport.com/index. php?pageid=132

El Exportador. (2011). Obtenido de http://www.el-exportador.es/icex/cda/controller/PageExportador/0,8723,6735394_6735487_6742676_4525257_4525113_1,00.html

slideshare. (2012). Obtenido de http://www.slideshare.net/oscarreyesnova/modulo-logstica

ESUMER. (2013). Obtenido de MODO DE TRANSPORTE: https://syscomer.files.wordpress.com/2010/10/transporte-terrestre.pdf

ulpgc. (2013). Obtenido de http://www.ulpgc.es/hege/almacen/download/7101/7101787/transporte_y_logistica_internacional_2013.pdf

Un sistema de gestión avanzado ahora al alcance de los profesionales del sector de envase y embalaje. (21 de 11 de 2013). *magazzine,* http://www.interempresas.net/Envase/Articulos/115766-sistema-gestion-avanzado-ahora-al-alcance-profesionales-del-sector-envase-embalaje.html.

Adler, M. S. (s.f.). *DERECHO D ELA NAVEGACION.* Recuperado el 23 de 10 de 2014, de AVERIA GRUESA: file:///E:/Navegaci%F3n.%20Averias%20Gruesas.html

ADUANA, P. Y. (27 de 09 de 2011). *PUERTOS Y ADUANA.* Obtenido de http://wwwpuertoyaduanacom.blogspot.com/

Agencia Andes. (10 de 10 de 2013). *Inversionistas Àrabes proyectan construir puerto de aguas profundas en Ecuador.* Obtenido de http://www.marcotradenews.com/transporte/19471/Inversionistas-arabes-proyectan-construir-puerto-de-aguas-profundas-en-Ecuador

Aldea, V. (2013). EL CONTRATO DE COMPRAVENTA INTERNACIONAL.

ALEKSINK, N. P. (2 de 05 de 2013). Marco Trade News. *El contrato de compraventa internacional.*

Andes. (25 de 11 de 2013). Obtenido de http://www.andes.info.ec/es/noticias/puerto-bolivar-sur-ecuador-aumento-10-sus-actividades-luego-inversion-51-millones-dolares

Andes. (25 de 11 de 2013). *Inauguraciòn de viaducto internacional entre Ecuador y Colombia*. Obtenido de http://www.andes.info.ec/es/noticias/viaducto-internacional-une-ecuador-colombia-es-inaugurado-presidentes-ambos-paises.html

Arevalo, M. (2010). *Codigo Organico de la Produccion*. Quito.

Arevalo, M. (2011). *CODIGO ORGANICO D ELA PRODUCCION*. QUITO, ECUADOR: ARTURO D. ROJAS R. (EDITORIAL JURÍDICA DEL ECUADOR).

Arevalo, M. (2011). *Codigo Organico de la Produccion*. ARTURO D. ROJAS R. (EDITORIAL JURÍDICA DEL ECUADOR).

AREVALO, M. (2011). *CODIGO ORGANICO DE LA PRODUCCION*. QUITO.

Arevalo, M. (2011). *Codigo Organico de la Produccion Comercio e Inversiones*. Quito.

Arevalo, M. (2011). *Codigo Organico de la Produccion, Comercio e Inversiones*. QUITO.

Arevalo, M. (2011). *Codigo Organico de la Producción, SECCION, ART. 63*. Quito: edinsa.

AREVALO, M. (2011). Codigo Organico de la Producción, SECCION, ART. 63.

Arevalo, M. (2011). *Documentos de compañamiento y Soporte*. QUITO, ecuador.

Arevalo, M. (2011). *OPERACIONES ADUANERAS CAP. 3, ART 27*. QUITO.

Arevalo, M. (2011). *Reglamento al codigo organico de la produccion.* QUITO.

Arevalo, M. (2011). *Reglamento al Codigo Organico de la Produccion.* (A. D. R., Ed.) Quito: (EDITORIAL JURÍDICA DEL ECUADOR).

Arevalo, M. (2011). *reglamento general del libro V del COPCI.* quito.

Arevalo, M. (2011). *Reglamento general del libro V del COPCI.* Quito.

AREVALO, M. (2011). *TRASLADO.* QUITO.

Argentino, C. C. (s.f.). *DERECHO COMUN.*

Armadas, I. d. (s.f.). *Historia de las Seguridad Social Militar.* Instituto de Seguridad Social de las Fuerzas Armadas.

BALLOU, R. H. (2004). *ADMINISTRACION DE LA CADENA DE SUMINISTRO.* MEXICO: PEARSON EDUCACION.

Ballou, R. H. (2004). *administración de la cadena de suministro.* mexico: Enrrique Quintanar Duarte.

Bancos, S. d. (2014). *Superintendencia de Bancos.* Obtenido de condiciones a las que deben sujetarse como mínimo las pólizas: http://www.sbs. gob.ec/practg/sbs_index?vp_art_id=2&vp_tip=11&vp_lang=1#26

Barrera Graf, J. (1991). *Tratado de derecho Mercantil.* Porrua, S.A.Mexico, mexico.

BASILEA, C. D. (s.f.).

Beato, N. (s.f.). Obtenido de http://sobrecomercioyaduanas.blogspot. com/2013/03/httpwww_1034.html

Betancourt, R. (s.f.). *Ministerio de relaciones exteriores.* Obtenido de http://cancilleria.gob.ec/negociaciones-comerciales-internacionales/

Bureau Veritas. (2015). *Logística Integral.* Madrid: FC Editorial.

Castro, G. (s.f.). Obtenido de http://comerciointernacionalylogistica. blogspot.com/2008/01/gestin-de-almacenes.html

CEPAL, 2. (2008).

Cevallos, M. A. (2011). *reglamento genral del libro V del COPCI.* QUITO.

civil, c. (s.f.). Recuperado el 11 de 11 de 2014, de http://www. juridicoecuador.com.ec/pdf/CIVIL/CODIGO%20CIVIL.pdf

Codigo de Comercio Peruano . (s.f.).

Colección Seguridad, OIEA, Viena (1989). (s.f.).

Contrato de compraventa internacional de mercancias . (s.f.). Obtenido de http://www.promexico.gob.mx/work/models/promexico/Interactivos/ contratos_de_compraventa_internacional_de_mercaderias/Contrato.htm

contrato, L. s. (1993). *Lejislacion sobre el contrato.* leyes, Quito.

COPCI, R. G. (2011). *MODALIDADES DE DESPACHO.* QUITO.

Cuatrecasas. (s.f.). Obtenido de http://www.icex.es/icex/cma/ contentTypes/common/records/mostrarDocumento/?doc=4554555

Cueva, O. S. (23 de 12 de 2013). *ASIESS.* Obtenido de http://omarserranocueva.com/noticias/ la-afiliacion-la-seguridad-social-se-volvio-mas-atractiva

DE, R. G. (septiembre- obtubre de 1888 - 1990). *RESOLUCIÓN No. 741* . Obtenido de http://guiaosc.org/wp-content/uploads/2013/08/ IESSResolucion741.pdf

Delgado, A. (08 de 02 de 2012). Los beneficios del IESS. *El Diario.*

Derecho Comun. (s.f.).

desconocido. (2010). *envase y embalaje.* peru.

DURVAN. (s.f.). *Gran Enciclopedia del Mundo.* BILBAO: Editorial Martin S.A Tomo 15.

DURVAN. (s.f.). *Gran Enciclopedia del Mundo.* BILBAO: EDITORIAL MARTIN.

DURVAN, G. E. (tomo 15). *GRAN ENCICLOPEDIA DEL MUNDO.* DURVAN SA.

Económica, A. (21 de 11 de 2013). *China y Ecuador refuerzan lazos comerciales y de inversión.* Obtenido de http://www.americaeconomia. com/node/105470

ECONOMISTA, D. E. (s.f.).

Ecuador, S. S. (2012). *Superintendencia de Bancos y Seguro.* Recuperado el 24 de 10 de 2014, de http://www.sbs.gob.ec/practg/ sbs_index?vp_art_id=46&vp_tip=2

EFE. (2013). *Vistazo.*

EFE. (2013). Canciller de Ecuador promueve inversiones por 60.000 millones de dólares en China. *Vistazo.*

EFE, A. (2013). Ecuador y UE sin acuerdo comercial, ¿les conviene? *Vistazo.*

El comercio. (s.f.). *Ecuador: El transporte en la frontera con Colombia sigue frenado.*

Encarta, E. (2004). *Historia de Londres.*

Errasti, A. (2011). *LOGISTICA DE ALMACENAJE Diseño y gestión de almacenes y plataformas logísticas world class warehousing.* Madrid: Ediciones Piramide.

exportación, L. i. (12 de 01 de 2009). *la importancia del empaque y embalaje*, págs. http://www.packaging.enfasis.com/articulos/11712-la-importancia-del-empaque-y-embalaje-la-exportacion.

Exterior, B. N. (2009). La importancia del empaque y embalaje en la exportación. *enfacis packaging*, http://www.packaging.enfasis.com/articulos/11712-la-importancia-del-empaque-y-embalaje-la-exportacion.

exterior, c. (s.f.). Obtenido de www.elcomercio.com

EXTERIOR, T. D. (s.f.).

Ferrell, H. A. (2013). *introduccion a los negocios en un mundo cambiante.* freel libros. org.

Flores, O. G. (2000). *La institucion del seguro en Mexico.* Mexico: Porrua.

Flores, O. G. (2000). *La institución del seguro en México.* Mexico: porrua.

furnari, L. P. (2013). *Fundacion Gas Natura Fenosa.* Recuperado el 2014 de 10 de 27, de Contrato de Compravente Internacioanal: http://www.primeraexportacion.com.ar/documentos-tecnicos/254-contrato-de-compraventa-internacional.html

Garcia, L. A. (2008). *Gestion Logistica Integral.*

Garcia, L. A. (2008). *Gestion Logistica Integral.*

Garcia, L. A. (2008). *Gestion Logistica Integral.* Colombia: ECOE EDICIONES.

Garcia, L. A. (2008). *Gestion Logistica Integral.* Colombia: ECO Ediciones.

GARCIA, L. A. (2008). *GESTION LOJISTICA INTEGRAL.* COLOMBIA: ECOE EDICIONES.

GARCIA, L. M. (2008). *GESTION LOGISTICA INTEGRAL.* COLOMBIA: ECOE EDICIONES.

GARCIA, L. M. (2008). *GESTION LOJISTICA INTEGRAL.* COLOMNBIA: ECOE EDICIONES.

GASTAMINZA, E. V. (2000). *Teoria General del Contrato de Seguro.*

Graf, J. B. (1957). *Tratado de Derecho Mercantil.* Porrúa.

Gran enciclopedia del mundo. (s.f.). Marín.

Guiedon, U. (2010). *Mapfre.* Obtenido de https://www.mapfre.com/ ccm/content/documentos/fundacion/cs-seguro/libros/los-sistemas-de-salud-en-latinoamerica-y-el-papel-del-seguro-privado.pdf

Gutierrez, V. M. (s.f.). Obtenido de http://comercioexteriormas.blogspot. com/2013/08/definicion-funcion-y-clases-de-almacen.html

Heraldo del cañar. (19 de 10 de 2013). *ANT participó en el I Simposio de Transporte Terrestre.* Obtenido de http://www.heraldodelcanar.com/2013/10/19/ ant-participo-en-el-i-simposio-de-transporte-terrestre/

HOY, D. (s.f.).

http://www.emb.cl/. (s.f.).

http://www.iadb.org/intal/intalcdi/PE/2010/07492a09.pdf. (s.f.).

http://www.webpicking.com. (s.f.).

IESS. (2003). *instructivo SART.* QUITO.

IESS. (2010). *Auditoria del riesgo de trabajo.* Recuperado el 25 de 11 de 2014, de informacion interna y externa: https://www.iess.gob.ec/ auditores_externos2011/pdf/Resolucion_333.pdf

IESS. (2010). *AUDITORIA DEL RIESGO DE TRABAJO.* Recuperado el 23 de 11 de 2014, de GESTION TECNICA: https://www.iess.gob. ec/auditores_externos2011/pdf/Resolucion_333.pdf

IESS. (2010). *PROGRAMA DE AUDITORIA.* Recuperado el 22 de 11 de 2014, de https://www.iess.gob.ec/auditores_externos2011/pdf/Resolucion_333.pdf

IESS. (2010). *Reglamento para el Sistema de Auditoria de Riesgo de Trabajo.* Recuperado el 22 de 11 de 2014, de https://www.iess.gob.ec/auditores_externos2011/pdf/Resolucion_333.pdf

IESS. (2010). *REGLAMENTO PARA EL SISTEMA DE AUDITORIA DE RIESGO DE TRABAJO.* Recuperado el 22 de 11 de 2014, de "Recursos minimos de las unidades provinciales : https://www.iess.gob.ec/auditores_externos2011/pdf/Resolucion_333.pdf

IESS. (2010). *Reglamento para elL Sistema de Auditoria de Riesgo de Trabajo.* Recuperado el 22 de 11 de 2014, de "Recursos minimos de las unidades provinciales: https://www.iess.gob.ec/auditores_externos2011/pdf/Resolucion_333.pdf

IESS. (2010). *Reglameto Para El Sistema De Auditoria De Riesgo De Trabajo.* Recuperado el 22 de 11 de 2014, de "Recursos minimos de las unidades provinciales: https://www.iess.gob.ec/auditores_externos2011/pdf/Resolucion_333.pdf

IESS. (2012). *IESS.* Recuperado el 27 de 11 de 2014, de CAJA DEL SEGURO SOCIAL: http://www.iess.gob.ec/es/web/guest/inst-quienes-somos

IESS. (2012). *IESS.* Recuperado el 15 de 10 de 2014, de SEGURO RIESGO DE TRABAJO: http://www.iess.gob.ec/es/seguro-riesgos-de-trabajo

IESS. (2012). *Instituto Ecuatoriano de Seguridad Social.* Recuperado el 25 de 11 de 2014, de Institucion: http://www.iess.gob.ec/es/web/guest/institucion

IESS. (2012). *Instituto Ecuatoriano de Seguridad Social.* Recuperado el 26 de 11 de 2014, de Historia del seguro ecuatoriano: http://www.iess.gob.ec/es/web/guest/inst-quienes-somos

IESS. (2013). Recuperado el 10 de 22 de 2014, de INTITUCION, QUIENES SOMOS: http://www.iess.gob.ec/es/web/guest/institucion

IESS. (2014). *IESS*. Obtenido de HISTORIA DEL SEGURO SOCIAL: http://www.iess.gob.ec/

IESS. (6 de 12 de 2014). *INSTRUCTIVO SART.*

IESS. (s.f.). *IESS*. Obtenido de OBJETIVO DEL IESS.

iess. (s.f.). *ley general de seguro*. Quito.

IESS. (s.f.). *Reglamento General de Seguro de Riesgo de Trabajo*. Recuperado el 3 de 12 de 2014, de Incapacidad Temporal: http://guiaosc.org/wp-content/uploads/2013/08/IESSResolucion741.pdf

IESS. (s.f.). *REGLAMENTO GENERAL DEL SEGURO DE*. Recuperado el 3 de 12 de 2014, de http://guiaosc.org/wp-content/uploads/2013/08/IESSResolucion741.pdf

iess. (s.f.). *reglamento general del seguro de riesgo de trabajo*. QUITO.

IESS. (s.f.). *REGLAMENTO GENERAL DEL SEGURO DE RIESGO DE TRABAJO.*

Ipiales. (25 de 11 de 2013). *Ecuador y Colombia planifican el desarrollo fronterizo.*

ISFFA. (2012). *ISFFA*. Obtenido de QUIENES SOMOS: http://www.issfa.mil.ec/

ISFFA. (2013). *Instituto de Seguridad Social de las Fuerzas Armadas*. Recuperado el 25 de 11 de 2014, de ISFFA: http://www.issfa.mil.ec/

ISSFA. (s.f.). *historia de la seguridad militar.*

ISSPOL. (2013). *Instituto de Seguridad Social de la Policia Nacioanal*. Recuperado el 10 de 10 de 2014, de http://www.isspol.gob.do/index.php

ISSPOL. (2014). *Instituto de seguridad Social de la Policia Nacional* . Recuperado el 23 de 10 de 2014, de Historia: http://www.isspol. gob.do/

ISSPOL. (2014). *ISSPOL.* Recuperado el 10 de 10 de 2014, de LEY DE SEGURIDAD SOCIAL DE LA POLICÍA NACIONAL: http://www.isspol.gob.ec/recursos/documentos/transparencia/ Transpariencia/BASE_LEGAL/LEY%20DE%20SEGURIDAD%20 SOCIAL%20DE%20LA%20POLICIA%20NACIONAL%20 ACTUAL.pdf

Julio Moreno . (2013). Julio Moreno (CEO Seguros Oriente). *Ekos,* 1-4.

La afiliación a la seguridad social se volvió más atractiva. (s.f.).

LA HORA. (29 de 11 de 2013). *Preocupación por transporte internacional.* Obtenido de La Hora: http://www.lahora.com.ec/index.php/ noticias/show/600167/-1/Preocupaci%C3%B3n_por_transporte_ internacional.html#.UpT7VNJLPC0

(s.f.). *ley de seguros.*

(s.f.). *Ley General del Seguro.*

MALDONADO, A. (s.f.).

MALDONADO, A. (s.f.). *SITUACION LOGISTICA DE ECUADOR* .

Management, C. o. (s.f.). *Elementos de Logistica Integral.*

Mapfre. (2012). *reaseguro.* Recuperado el 20 de 11 de 2014, de Reaseguro de Excedente: http://www.mapfre.es/wdiccionario/terminos/ vertermino.shtml?r/reaseguro.htm

MAPFRE. (2014). *Fundacion Mapfre.* Recuperado el 20 de 11 de 2014, de Clases de Reaseguro: http://www.mapfre.es/wdiccionario/ terminos/vertermino.shtml?r/reaseguro.htm

mapfre. (2014). *mapfre*. Obtenido de http://www.mapfre.es/
wdiccionario/terminos/vertermino.shtml?r/reaseguro.htm

Mapfre. (2014). *Reaseguro*. Recuperado el 20 de 11 de 2014, de
Reaseguro cuota-parte: http://www.mapfre.es/wdiccionario/terminos/
vertermino.shtml?r/reaseguro.htm

Mapre. (2012). *Clase de Reaseguro*. Recuperado el 20 de 11 de 2014,
de reaseguro de exceso de siniestralidad: http://www.mapfre.es/
wdiccionario/terminos/vertermino.shtml?r/reaseguro.htm

MARI, R., SOUSA, A. D., MARTIN, J., & RODRIGO., J. (2003).
"El Transporte de Contenedores". BARCELONA: Editions de la
Universitad.

MARI, R., SOUSA, A. D., MARTIN, J., & RODRIGO., J. (2003).
EL TRANSPORTE DE CONTENEDORES. BARCELONA:
UNIVERSITAD POLITECNICA CATALUNYA.

Mercurio", ". (01 de 09 de 2010). Seguro de riesgos del trabajo del IESS
brinda cobertura integral.

mipro. (26 de abril de 2012). *REGLAMENTO TÉCNICO
ECUATORIANO RTE INEN 066 "DILUYENTES (THINNER)"*.
guayaquil: Decreto Ejecutivo N° 12 083.

Mondragon, V. (s.f.). Obtenido de http://comercioexteriormas.blogspot.
com/2013/08/definicion-funcion-y-clases-de-almacen.html

Mora, L. A. (1963). *Gestion Logistica Integral*. Colombia: ECOE
EDICIONES.

Mora, L. A. (2008). *Gestion Logistica Integral*. Colombia: ECOE
EDICIONES.

Nacional, A. (s.f.). *Formas de trabajo y su retribución*. Recuperado el 9 de
10 de 2014, de http://www.asambleanacional.gov.ec/documentos/
constitucion_de_bolsillo.pdf

NACIONAL, L. D. (2009). *ISSPOL*. Recuperado el 20 de 10 de 2014, de http://www.isspol.gob.ec/recursos/documentos/transparencia/ Transpariencia/BASE_LEGAL/LEY%20DE%20SEGURIDAD%20 SOCIAL%20DE%20LA%20POLICIA%20NACIONAL%20 ACTUAL.pdf

Noticias de la embajada. (4 de 10 de 2011). *Embajada de Ecuador pide garantìas para el transporte internacional de carga.* Obtenido de http:// ecuadorencolombia.hostingsiteforfree.com/noticias/paro_ipiales2.html

Opinion. (14 de 03 de 2013). El IESS conmemoró 85 años de existencia. *El IESS conmemoró 85 años de existencia.*

Pachionni, M. G. (1948). *Los Contratos a Favor De Terceros.* madrid: revista d ederecho privado.

Palmas, U. d. (2013). Obtenido de http://www.ulpgc.es/hege/ almacen/download/7101/7101787/transporte_y_logistica_ internacional_2013.pdf

Peña, E. (2000). *Derechos de Seguro.* Guayaquil: EDINO.

Peña, E. (2000). *Manual Derecho de Seguro.* Guayaquil: Edino.

PEÑA, E. (2000). *Manual Derecho de Seguro.* Guayaquil: Edino.

Peña, E. (2000). *Manual Derecho de Seguros .* Guayaquil : EDINO .

PEREZ, B. (s.f.).

PRODUCCION, C. O. (s.f.).

PROECUADOR. (s.f.).

PROECUADOR. (2010). *PROECUADOR.* Recuperado el 22 de 10 de 2014, de INCOTERMS: http://www.proecuador.gob.ec/ exportadores/requisitos-para-exportar/incoterms/

PROECUADOR. (2012). *PROECUADOR*. Obtenido de http://www.proecuador.gob.ec/wp-content/uploads/downloads/2012/11/PROEC_GL2012_INTL.pdf

PROECUADOR. (Febrero de 2013). Obtenido de http://www.proecuador.gob.ec/wp-content/uploads/downloads/2013/01/PROECUADOR_IC_03-25.pdf

PROPFESIONAL, E. (s.f.).

Proyectos. (s.f.). Obtenido de http://www.proyectosfindecarrera.com/definicion/tipos-contenedores.htm

RESOLUCIÓN No. 741, R. G. (18 de 09 de 1990). *REGLAMENTO GENERAL DEL SEGURO DE RIEGOS DEL.*

sabongue, r. (s.f.). la lojistica . pág. http://www.eclac.org/publicaciones/xml/5/36295/lcw231e.pdf.

Salvador, J. C. (2000). *Gestion Sanitaria*. Recuperado el 9 de 10 de 2014, de http://www.gestion-sanitaria.com/3-riesgos-laborales-conceptos-basicos.html

Sanchez, O. (2000). *La institución del seguro*. México: Porrúa.

SART. (2010). *Reglamento para el Sistema de Audotoría de Riesgos del Trabajo*. IESS.

SART. (s.f.). *Reglamento e Instructivo*.

SART RESOLUCION 741. (s.f.). Obtenido de IESS: http://guiaosc.org/wp-content/uploads/2013/08/IESSResolucion741.pdf

seguro, l. g. (s.f.). ecuador.

SEGURO, L. S. (29 de 11 de 1963). Obtenido de REASEGURO: http://www.sbs.gob.ec/medios/PORTALDOCS/downloads/normativa/decreto_supremo_1147.pdf

Seguro, L. s. (29 de 11 de 1993). *Superintendencia de Bancos.* Recuperado el 2014, de REASEGURO: https://www.supercias.gov.ec/web/ privado/marco%20legal/LEGISL%20SOBRE%20EL%20 CONTRATO%20DE%20SEGURO.pdf

Seguro, L. S. (s.f.). *LEGISLACION SOBRE EL CONTRATO.* Obtenido de ART. 1 DEFINICIONES: Decreto Supremo 1147

Seguro, S. d. (s.f.). *LEGISLACION SOBRE EL COTRATO DE SEGURO.* Recuperado el 25 de 10 de 2014, de DE LA POLIZA: http://www.sbs.gob.ec/medios/PORTALDOCS/downloads/ normativa/decreto_supremo_1147.pdf

seguros, S. d. (29 de 11 de 1963). *LEGISLACION SOBRE EL CONTRATO DE SEGURO.* Obtenido de http://www.sbs.gob. ec/medios/PORTALDOCS/downloads/normativa/decreto_ supremo_1147.pdf

Seguros, s. d. (2013). *Legislacion sobre el contrato de seguro.* Recuperado el 10 de 22 de 1063, de DE LOS SEGUROS DE DAÑOS: http:// www.sbs.gob.ec/medios/PORTALDOCS/downloads/normativa/ decreto_supremo_1147.pdf

Seguros, S. d. (2013). *Superintendencia de Bancos del Ecuador.* Obtenido de Ranking de Comisiones Reaseguros: http://www.sbs.gob.ec/ practg/pk_ranking_comision.p_intermediarios_reporte?vp_cod_tip_ instt=57&vp_cod_provincia=57&vp_fecha=31/12/2013

seguros, S. d. (2014). *estadisticas de seguro privado.* Obtenido de aseguradoras, septiembre 2014: http://www.sbs.gob.ec/practg/ sbs_index?vp_art_id=492&vp_tip=2&vp_buscr=57#1

SEGUROS, S. D. (s.f.). *LEY GENERAL DE SEGURO.* Ecuador.

Sekiguch, D. (s.f.). Obtenido de http://images.fedex.com/images/ar/ pymex/Ar-LogExport-AC-Jul07.pdf

SENAE. (s.f.). Obtenido de http://www.aduana.gob.ec/contents/nov/ news_letters_view.jsp?pg=3&anio=2011&codigo=182&proceso=&es tado=&boletinNum=&ano=2011&desc=transporte&fromFecha=&t oFecha=

Simone, B. (1996). *Compendio del Derecho de Navegacion.* Ábaco de Rodolfo Depalma.

Social, I. E. (2010). Reglamento e Instructivo del Sistema de Riesgo de Trabajo. *RESOLUCION No C.D 333.* Quito.

Social, I. E. (2011). *INSTRUCTIVO DE APLICACION, REGLAMENTO AUDITORIA.* RESOLUCION, INSTITUTO ECUATORIANO DE SEGURIDAD SOCIAL, QUITO.

Soldano, A. (2009). *"Conceptos sobre Riesgo".* CORDOBA.

Sosa, L. F. (2011). *instituciones del seguro.* asuncion: LIBRERÍA INTERCONTINENTAL, EDITORA E IMPRESORA.

SUPERINTENDENCIA DE BANCOS Y SEGURO. (s.f.). *SUPERCIAS.* Obtenido de Ley General de Seguro: www.supercias. gov.ec/web/privado/marco%20legal/LEY%20GENERAL%20 DE%20SEGUROS.pdf

Superintenencia de Bancos y Seguro. (2012). *Superintenencia de Bancos y Seguro.* Obtenido de Estadisticas: http://www.sbs.gob.ec/practg/ sbs_index?vp_art_id=47&vp_tip=2&vp_buscr=64

Sur, A. d. (s.f.). *aseguradoradelsur.com.ec.* Obtenido de http://p. aseguradoradelsur.com.ec/wp-content/uploads/Transparencia/ Asegurados/folletos/Folleto%20poliza%20seguro%20de%20 transporte.pdf

TELEGRAFO. (10 de 10 de 2011). *Empresas firman convenio para obtener sello del INEN,* págs. http://www.telegrafo.com.ec/noticias/ informacion-general/item/empresas-firman-convenio-para-obtener-sello-del-inen.html.

TELEGRAFO. (23 de 12 de 2013). La afiliación a la seguridad social se volvió más atractiva.

TERESA, G. R. (s.f.). *NORMAS OFICIALES.* Obtenido de http://fpt. fadeeac.org.ar/upload/pdfs/conceptos-basicos-mercancias-peligrosas.pdf

Tortella Casares, G. (2014). Historia del seguro en españa. En G. T. Casares, *Historia del seguro en españa* (pág. 530). Madrid: 2da edicion.

UNECE. (s.f.).

UNESCO. (s.f.). Obtenido de www.eluniverso.com

UNIDAS, C. D. (2009). *Convenio de las Naciones Unidas.* LEYES, VIENA.

Unión, S. L. (2013). *Seguros La Unión.* Recuperado el 25 de 11 de 2014, de Historia: http://www.seguroslaunion.com/index.php?cont=historia

UNREC, D. G. (s.f.).

vallejo, a. (06 de Noviembre de 2013). *INEN descarta prohibir ingreso de transgénicos al Ecuado*, págs. http://www.pichinchauniversal.com. ec/noticias/nacionales/item/8338-inen-descarta-prohibir-ingreso-de-transg%C3%A9nicos-al-ecuador.html.

VASQUEZ, V. (s.f.).

Veritas, B. (s.f.). *Logistica Integral.* Madrid: FC editorial.

Veritas, B. (s.f.). *Logistica Integral.* Madrid: FC editorial.

Veritas, B. (s.f.). *Logstica Integra 2da Edición.* FC Editorial.